跨感官心理學

解鎖行為背後的知覺密碼，
改變他人、提升表現的生活處方箋

SENSE

Unlock Your Senses and Improve Your Life

羅素・瓊斯（Russell Jones）◎著　陳松筠◎譯

目錄 CONTENTS

前言

經常變動的感官認知

——普羅旺斯玫瑰酒悖論

想像你正在法國南部度假，坐在一家古老餐館的露臺上享用午餐，吃著牛排、薯條。前方一眼望去是連綿不盡的薰衣草田，身旁法語呢喃，玻璃酒杯和餐具碰撞交織而成的清脆聲響，為這幅南法風情畫注入一股獨特而慵懶的地中海氣息。陽光溫煦，你覺得輕鬆自在，此時侍者拿出盛裝在陶壺的冰鎮玫瑰酒。真是好喝啊！淡淡玫瑰金色澤的液體，真是此時此景的絕配。你詢問對方這種酒從何而來，他說來自前方不遠的一座酒莊。於是你在返回旅館的路上繞道拜訪，沒想到一瓶玫瑰酒只要兩歐元！你買了好多，在接下來的假期裡天天喝，當然最後也扛了一整箱回家。

時間快轉到二月，日常生活的繁瑣和沉悶快要把你淹沒；過去幾週的昏暗天氣與冷冽風雨也讓你感到絕望。幸好，今晚不一樣，因為你邀請朋友來家裡用餐。席間談到你去年在普羅旺斯的美妙假期，還有在當地發現的玫瑰酒，一瓶只要兩歐元！又好喝。你拿出早已冷藏在冰箱裡的玫瑰酒，客人在你倒酒時紛紛大表期待，讚賞著酒液的美麗色澤。

接著，你啜飲一口；難喝，帶著醋味又好酸，根本就是廉價的劣等酒。「酒壞了！」你如此宣布。太可惜了，一定是因為放在後車廂，從法國一路顛簸回來的車程，再加上夏季高溫造成的。其實並非如此，你只是陷入「普羅旺斯玫瑰酒悖論」（Provençal Rosé Paradox），玫瑰酒從頭到尾沒變，是其他事情改變了。你已經不是坐在普羅旺斯午後暖陽下那個全身放鬆的你，也不再被美好記憶中的聲音、氣味、色彩包圍著，那時的玫瑰酒美味無比，是因為當下的環境和情緒狀態改變了你的認知。

不過事情還是有挽回的餘地，只要有足以觸發感官回憶的布置，玫瑰酒就能回復當時的美味。你可以點燃香氛淡雅的薰衣草蠟燭，把玫瑰酒倒入陶壺裡，鋪上紅白格紋的桌巾，播放法國香頌。重現當時的感官環境，能夠帶回美好記憶，並且激發相同的情緒，讓玫瑰酒再次取悅你的味蕾。

過去十多年來，我總是用上述這則故事作為簡報的開場白，目的是闡述人類的認知其實會受到周遭環境影響，五感和情緒交織在一起，影響我們對世界的體驗。我們相信每樣感官都獨立運作，並且永遠不會出錯，像是玫瑰酒故事裡的味覺；事實上，我們的感覺是其他感官在同一時間接收各種刺激和誘因下的產物，也受到自己當下的情緒影響。人類是多重感官的存在，卻經常只注意單一感官的感受，但現實並非如此。

神經科學、實驗心理學和行為心理學等相關研究，已經發現人們的行為與認知其實有很大程度受到環境中非受控因子的影響。好比說，裝在圓形紅色馬克杯裡的咖啡喝起來較甜；或者置身在播放慢板音樂的藍色房間裡，時間會過得較快。回憶中的氣味會激發我們探索新創意；感覺冷時會買更多放縱型產品；用笨重的餐具進食，食物的美味度會提升一一％；以及聆聽金髮美女樂團（Blondie）的歌曲，會讓手中白酒多出一五％的風味。我已經將相關感官研究的發現應用在工作上一段時間，以神經科學界對感官和情緒的種種見解為基礎，科學地設計出更好的產品、品牌、空間及體驗。

咀嚼聲的音頻決定酥脆程度

舉一個好例子，有一家全球冰淇淋品牌大廠找上我的工作室，希望能宣稱自己的甜筒擁有最佳的咀嚼口感，我們的任務就是找出帶來咀嚼口感的關鍵，然後提供給客戶的產品研發團隊。每次任務的流程其實都大同小異，首先進行文獻檢視，找出所有可能與主題有關的實驗和研究。結果發現科學家扎塔．葳克絲（Zata Vickers）曾在一九七〇年代晚期和一九九〇年代早期針對咀嚼口感進行徹底研究，結論是咀嚼口感的好壞幾乎完全取決於**聲音**，如果食物咬起來不會嘎滋作響，就不算有咀嚼口感。她和團隊也提出最佳咀嚼口感的頻率範圍，過高的話，食物口感會偏「脆」。基於這份研究，我們開始嘗試幾個方向。我們錄下咬下客戶甜筒的聲音，然後調整成好幾種不同高低的聲調，接著請民眾在線上聽取這些音檔，然後說出每段音檔聯想到的咀嚼口感，以及渴望吃這個甜筒的程度。目前客戶甜筒的音頻過高，受試者的反應都是酥脆；再低一點的音調，則是全體認可最具咀嚼口感的聲音，也是大家最想吃的選項，這代表我們找出「終極咀嚼口感」。接著，我們拜訪倫敦大學學院（University College London, UCL）感官研究中心（Centre for the Study of the Senses）的巴利．史密斯（Barry Smith）教授，請他安排一場實驗。受試者站在麥克風前吃甜筒，麥克風收的音透過電腦又傳回受試者戴的耳機裡。我們在實驗中隨時調整受試者聽到的內容，結果當食用聲音頻率調高時，甜筒口感變得較輕盈爽脆；降低聲音頻率時，甜筒則感覺不太新鮮；在把聲音頻率調整到「終極咀嚼口感」範圍時，甜筒變得更有口感也更好吃，甚至連冰淇淋也因為「月暈效應」（Halo Effect）嘗起來更香甜濃郁，一項感官的滿足通常也會帶動另一項感官。

獲得實驗結果後，我們做出新甜筒簡報。研發科學家回到實驗室，做出咬下後咀嚼聲剛好的甜筒。最後，我們用這種新甜筒再做一次顧客測試，每個人都說吃起來口感更好、更香濃、品質更佳，並且願意為新甜筒多付二十便士。其實唯一不同的，就只是吃起來的聲音。

工作並未告一段落，因為我要的是從購買到完食的整體感官經驗。工作團隊開始研究廣告和包裝上的字句，這些用詞遣字也會左右人們對產品口味的期待，短促的字符合咀嚼口感，又長又黏的字則感覺緩慢滑順。我們研究了哪一種包裝材質會在顧客撕開時聽起來充滿口感，讓人在吃之前就產生期待。我們探討拆開包裝的動作，這個步驟是否可能影響產品的口感？螺旋狀撕法讓人感覺滑順，而撕開的聲音則與口感有關。我們也製作了「記憶音符」（在廣告結尾伴隨著商標和商品一起出現的聲音），並且選擇有清脆吉他和短促歌詞的音樂。如此一來，從看到、聽見廣告，拿起產品，直到打開包裝的過程，消費者已經進行一趟令人心生期待的感官之旅，咬下甜筒的第一口也會更有嚼勁。

有些人覺得這麼做是在愚弄消費者，「你根本沒有改進甜筒的口味！」抗議者會這麼說：

「這些人難道不是因為被誤導，才會以為甜筒更好吃嗎？」重點是甜筒真的更好吃了，我們的確讓甜筒變得更美味、吃起來更享受，只不過方法是研究當下每項感官的體驗。

用感官科學提升生活品質

人們活著的每分每秒都在接收多種感官訊息，只是大多時候並不自知。我深信一旦察覺這一點，所有的體驗都會更豐富美好。感官科學能提升運動、睡眠、工作、飲食及性愛品質，但是如何運用在生活上就需要一點藝術，你必須知道各種聲音、味道、顏色和觸感組合在一起會激發哪種反應。這是我投身已久的領域，從冰淇淋、威士忌、啤酒，到高級車與百貨公司。

因為有充足的公司預算和明確目的，我發展出一套根據學術研究設計實質用途的方法，利用科學影響並加強生活中各種情境。挑選一個最細微的感官要件，營造特定情緒或引起直覺反應，像是鼓勵顧客和員工交談；讓威士忌喝起來更甜、更醇厚。我的事業就是從多重感官角度出發，設計生活中的每件事，甚至算是開創新的產業。本書會告訴你如何在生活中實踐，以更豐富多重的感官來生活，並且了解背後的科學根據，認識自己的五感。然後，你會發現自己踏入更鮮豔大膽的世界，就好像桃樂絲走進奧茲王國。

在展開一整天的多重感官旅程之前，先來看看感官如何深切地影響自己。影響有兩個層面：其中之一是像普羅旺斯玫瑰酒悖論裡的情緒與回憶；另一個則是深植於腦海裡的「跨知覺」連結。兩者在現實中其實相去不遠，但是這種解釋能幫助我們理解感官的世界。首先，更進一步地談談記憶和情緒。

與感官連動的情緒與行為

「我們不是有感覺的思考機器；我們是會思考的感覺機器。」這句妙語出自安東尼歐・達馬吉歐（Antonio Damasio）教授的著作《笛卡兒的錯誤：情緒、理性，和大腦》（*Descartes' Error: Emotion, Reason, and the Human Brain*），精闢闡述我們的感官為何對行為會這麼具有影響力。人類或許自認是經過深思熟慮後做出聰明決策的動物，但其實不然，我們是充滿情緒的機器，會做出情緒性決定，事後再合理化，而影響情緒的方法就是藉由感官。

購屋正是典型的例子，起初你可能會列出一長串合理的條件，像是房子必須距離學校和車站多近，或是需要多一間作為家庭辦公室的房間。然後你走進「那間房子」，之前列出的條件全被你拋到腦後，心中充滿悸動，馬上知道非這間房子莫屬。某種無法言喻的東西刺激腦內啡大量分泌，於是你覺得「就是它了」。你可以說這是一種心電感應，但最主要是「多重感官認知」的交會瞬間，在不同要素組合下，觸發了「家」的感覺。或許是喚起記憶的氣味，或許是和煦陽光灑進屋裡的樣子；柔和渾厚的聲響令人賓至如歸；牆上畫作或裝飾營造出美滿家庭的氣氛，上述種種原因加在一起，帶給你這間房子由內而外讓自己滿心歡喜的感覺。於是，你開始用理性原因說服自己剛剛做出的情感決定，雖然沒有多餘的房間，但是可以在花園後面蓋一間辦公室，反正辦公室本來就應該和住家有所區隔，而且距離車站遠也無妨，每天早上步行過去是很好的運動。

隨著一天天累積的經驗和記憶，我們的情感也開始與身旁的感官刺激產生連結。舉例來說，聞到防曬乳會感覺心情愉快，因為使用防曬乳的日子通常是開心的；或者綠色讓人聯想到自然和健康的概念。這些氣味、顏色、聲音成為特定情感和意義的觸發點，在你搞清楚究竟是哪件事勾起回憶前，情感總是率先湧現。

回想一下，當你無意間聽到小時候熟悉的兒歌，童年的感覺會馬上浮現在腦海裡，然後你開始絞盡腦汁，想要記起這首歌是誰做的。當這些情緒與連結浮上心頭時，主導決策的大腦就會得知，因此在做選擇時，你的思考和行為極可能受到左右。早期的說法是「大象和騎象人」，騎象人是大腦中代表理性的前額葉皮質，大象則是感性的邊緣系統，像是輸送各種感覺的超級高速公路，特別是聲音與氣味。一旦大象察覺有意思的訊息就會開始狂奔，騎象人無計可施。或許是空氣中的味道讓大象化身成橫衝直撞的小牛，隨心所欲地探索，沉浸在懷舊的冒險和好奇心裡，騎象人也只能順其自然。如果我們能找出是哪一種情感驅動大象，哪一種感官刺激會帶來特定思緒與行為，騎象人就能再次拿回主導權。

舉例來說，一群紐西蘭研究人員曾研究，在購物時不同的感官刺激如何影響人們選購健康或不健康食品，受試者必須在電腦上的「虛擬超市」裡採購三天所需的食品雜貨。選購時，每個小組的房間內會釋放若有似無的清新草香或甜點烘焙香（只有五％的受試者察覺到）。與甜點烘焙香小組相比，草香小組的受試者傾向購買較健康和天然的食品，細緻的背景氣味勾起新鮮、綠色蔬菜、自然等概念，接著浮現在嗅聞者的腦海裡，促使他們將健康食品放進購物車裡。

我們該怎麼正面運用這種情感反應？要如何控制大象？我們所選的感官刺激會啟動能直接影響行動與認知的回憶和情感，所以必須確認環境裡每個要素互相配合下會帶來期望的效果，不管是影響某個行為、幫助你進行某種思考，或是讓那杯普羅旺斯玫瑰酒更好喝。

跨感官的聯覺心理

我們對世界的感官經驗還有另一層次，是一種存在於大腦核心的跨感官交會：聯覺心理（Synesthesia Mind），也就是一項感官判斷會連結到另一項感官。在開始解釋跨感官現象前，我想先拋出一個問題，請你用直覺回答：檸檬的味道是快還是慢？

你的第一個想法是什麼？幾乎每個人的回答都是快。我曾在坐滿兩百人的房間裡詢問這個問題，所有人一致喊出「快」。接著我詢問理由，有些人的答案頗為合理，至少可以理解：「因為味道很快就一湧而上」、「因為感覺充滿活力」。我也聽過有些不知所以的解釋：「因為檸檬的形狀像魚雷」、「因為檸檬是黃色的，和跑車一樣」。其實這些答案都沒有什麼道理，卻展現出人類各種感官間本能上的奇特交會。

再看看另一個例子，一個尖銳形狀與一個圓潤形狀，哪個形狀是檸檬的味道？我應該能猜出你的回答：檸檬的味道是尖銳多角的。如果我問的是哪個形狀是牛奶巧克力的味道，你的答案又會是什麼？哪個形狀比較清新提神？哪一個形狀比較主動活潑？

有趣的是，我們幾乎能將所有味道、知覺和情緒用這兩個形狀分類，甚至是質地、重量、顏色及聲調。從一項感官上體驗到的特徵，本能地歸納成另一項感官的評價，顯示出人們未曾察覺卻始終存在的另一種面向，不停地形塑和鍛造我們的認知與行為，而且對於什麼事物該是什麼形狀的看法似乎大同小異。無論來自世界上哪一個角落，大多數人同意檸檬的味道快又銳利、刺耳且顏色明亮。

在某種程度上，這種現象可以說是低度的聯覺或「共感」。大約每兩百五十人中會有一人具備真正的聯覺，會在同一時間實際體驗到兩或多種感官訊息，有的人在聽見音樂時看見顏色奔流，或是在看到不同顏色時聽見音樂。某些聯覺者說出一個詞彙就會在舌頭上嘗到味道，彷彿真的吃到東西。在《藍色鳴聲的青蛙》（*The Frog Who Croaked Blue*）一書裡，傑米．沃德（Jamie Ward）寫到一名男子每次說出「巴黎」時，口中就會出現草莓味；說出「泰迪熊」時，則會出現煉乳味。有人好奇地問他：如果說出「巴黎泰迪熊」能否嘗到草莓煉乳味？結果卻截然不同，出現相當苦辣的味道。

很多創作者都有聯覺反應，特別是藝術家與音樂家，或許因為這種狀態讓他們能以不同的觀點看世界。俄國畫家瓦西里．康丁斯基（Wassily Kandinsky）的知名軼事就是，他看到顏色會聽見音樂，聽見音樂時也會看到顏色。傳聞他決定投身繪畫，就是因為威廉．理察．華格納（Wilhelm

Richard Wagner）的歌劇《羅恩格林》（*Lohengrin*），帶給他震撼身心的聯覺體驗，事後他描述這個人生轉捩點：「我看見所有顏色的靈魂就在眼前，奔放幾近瘋狂的線條在我面前伸展。」艾靈頓公爵（Duke Ellington）和李奧納德・伯恩斯坦（Leonard Bernstein）也會在演奏、聆聽或創作音樂時看見顏色。伯恩斯坦形容他在選擇交響樂裡的音質與音色時，就像從調色盤裡挑選顏色一樣，每首完成的樂曲都是均衡的光影和音符顏色畫作。瑪麗蓮・夢露（Marilyn Monroe）據說也有連帶色覺（Chromesthesia），這是一種音樂和顏色交錯的聯覺形式。諾曼・梅勒（Norman Mailer）描述夢露：「她擁有其他人要嗑藥才能體驗的感官錯置。」弗拉基米爾・涅博可夫（Vladimir Nabokov）有字母色彩聯覺，聽到不同字母時會看見顏色。在「藍色組」裡，他說有「灰藍色的 x、風暴藍色的 z，還有越橘色的 k……我眼中的 q 比 k 更棕色，s 不像 c 的亮藍色，而是天藍色和珍珠色的特異混合。」從事創意工作的聯覺者還有很多，從比利・喬（Billy Joel）到演員傑佛瑞・洛許（Geoffrey Rush）、文森・梵谷（Vincent van Gogh）到瑪麗・布萊姬（Mary J. Blige），當然還有肯伊・威斯特（Kanye West）。

至於為什麼會有這種感官上的混雜，目前還沒有明確的答案。一說是因為透過我們和周遭環境的互動，還有使用的語言學習而來。我們看到紅彤彤的水果吃起來較甜，因此紅色會牽引認知朝向甜的方向，而不是其他味道。人們會說「很吵的顏色」、「尖銳的味道」及「甜美的音樂」，是因為先有這種說法，我們才開始連結這些感覺，還是這些詞彙是因為天生的感官連結而出現？德國學者在黑猩猩身上找到類似的跨感官連結，黑猩猩認為高頻聲像白色正方形，低頻聲則是黑色正方形，和人類一樣。科學家認為猩猩不可能從生活環境中學習音調高低和顏色明暗之間的關聯，這代表感官上的聯繫一定早在人類和猿猴分家前就與生俱來。

重要的是，這些連結不可否認地存在所有人身上。本書將繼續探討，如果我們運用內建「聯覺經驗」的跨感官連結，兩者會彼此助長而出現更強的作用，稱為「優加性效應」（Super-Additive Effect）。使用角形杯喝檸檬口味飲料，會覺得喝起來更酸、更爽冽；和有著圓形家具與溫暖香氛的房間相比，放置多稜角物品和醒腦氣味的房間，更能帶來活力與幫助思考。

我擅長擷取不同要素，然後加以融合，這也是在本書中想和各位分享的技巧。我辨識出各種感官之間的關聯，還有回憶與情感對行為認知的影響，也關注顏色、光線、聲音及氣味對身體的作用，甚至可以觀察自身一整天的自然週期，找出較容易養成特定行為和想法的時間。我會集結上述內容，寫成所謂的「感官處方箋」，詳細列出每種感官成分，打造符合需要的理想環境。

解決各種生活問題的感官處方箋

開始撰寫本書時，我正在進行約翰路易斯（John Lewis）這家英國高級連鎖百貨的案子，合夥人喬和我要協助對方在每家門市的家飾部門設計一個空間，讓顧客在此根據喜歡的居家風格，挑選色系、材質、家具、燈光及飾品。這個空間必須能鼓勵顧客放膽嘗試，激發他們的創意，當然也要讓顧客可以毫無顧慮地挑選、觸摸產品，花時間和工作人員交談，好好體驗整個環境。傳統上，英國人在購物時瞻前顧後，好像在畫廊一樣，不敢摸東摸西，還得低聲交談。

喬和我從老地方開始著手，找出有哪些感官元素能鼓勵顧客的行為，勾起能達成最終目的情緒。懷舊的、「體驗型」香氛能鼓勵「接觸傾向行為」，也就是更願意探究新事物、想法的行為。挑高樓面與低亮度照明會讓人們比較坐不住，並且提升創造力。明亮的顏色會讓人本能地想要嬉戲；而與極簡風格或文字畫面相比，複雜抽象的圖案更能帶來玩樂的心情；柔軟溫暖的觸感材質會帶動交流合作；適量的聲響反而能正面地分散注意力，留給創造力一些空間；太吵的音樂會打擾顧客，太安靜又讓人擔心自己的一舉一動。上述所有的觀點加以結合，就成為一套鼓勵創意、探索與交流的感官指導守則。接著，我們把這份「感官處方箋」交給合作的設計師，最後的成果是一個明亮、有抽象藝術、低亮度照明、柔軟材質、復古香氛，還有低度背景音樂的空間環境，讓購物者擺脫埋藏在骨子裡的英倫禮儀，盡情揮灑創意能量。在後面的章節中，會討論更多的觀點和研究！

會用「感官處方箋」一詞，是因為正如醫生會幫病人開立藥單、飲食方針、休息及運動計畫一樣（雖然不幸地，多半只是藥物處方），我們針對特定難題做出包含聲音、顏色和氣味的環境診斷。如果以實質助益來說，處方箋這個詞彙更是貼切，因為它不僅對心理有幫助，對生理也是。一家瑞典醫院曾在一九九〇年代中期做過一項實驗，將動完心臟手術的病患放在充滿香草味的病房內；香草味本身具有安撫作用。除了味道外，病房的光線也調整成「貝克米勒粉紅」（Baker-Miller pink）色調，這款顏色已被證實能降低壓力和暴戾，軍隊就使用貝克米勒粉紅安撫被關禁閉的躁動士兵。最後一項元素則是，能降低心跳和壓力的海潮聲背景音樂。

實驗成效非常正面卓著，病患對止痛藥的需求降低，壓力也下降，還能提早出院。醫院通常帶給人們冷酷無情的感覺，所以我不懂為何這套方法不能在全球推展，我們應該更關注醫院能提供身體和心理的滋養，而不是只看醫療功能。

我期許某天醫院能接納感官處方箋的意見，病患可能會拿到類似飯店的房卡，將卡片插入門邊的卡槽（或是隨身健康機），就會啟動特定顏色亮度的光線，還有背景音樂與香氛機，所有條件都是為了協助病人對抗特定病痛而設計。不但可行性高，研究結果也證實，對症下藥的感官處方箋效果有多好。在願望實現前，可以先好好打理居家、辦公空間和生活，這是我們的起點。

本書以一天的作息為架構，盡量涵蓋生活裡可能的活動，從起床、早餐、運動，到提升生產力和發揮工作創意；也從多重感官居家布置到高感官用餐、更好的性愛到一夜好眠。

我始終相信人們應該對感官有更多察覺，也樂於分享這方面的知識。當人們詢問我的職業時，發現多數人對我所做的事都很感興趣。大家的反應確實對我有所啟發，同時我也從心裡覺得這就是自己該做的事。透過分享完整一日行程的見解和經驗，希望讀者們都能在生活裡應用書中的知識。

本書有許多資訊，即使只應用其中一小部分，你的一整天也會變得有滋有味。再也不會在品嘗葡萄酒時聽著完全不搭的音樂，也不會坐在強光下的狹小桌子前試著腦力激盪，你將擁有的知識和能力，足以創造感官豐富又和諧的世界，我期待你能好好運用。

第一章 一日之計在於晨

——從鬧鐘、衣著到餐盤形狀

假設這一天就和其他的每一天一樣，你在床上一夜好眠後醒來。當你讀完本書後，如果實踐其中部分內容，應該會有安穩的睡眠品質，而且生理時鐘也會和日夜節奏恰好吻合。

岔題一下，本書會經常提到內建的生理時鐘及「晝夜節律」（Circadian Rhythm），所以我應該先簡單說明。晝夜節律就是以二十四小時為週期的生物規律，幾乎存在所有生物體內，這象徵人體功能有可預測的模式，像是荷爾蒙分泌、細胞再生，還有調節我們睡眠、情緒、認知表現等的腦波活動。這個內建時鐘是由大腦中央稱為視交叉上核的部位控制，每天都會根據地球自轉時間重啟。

除了和地球自轉相關外，晝夜節律也受到一些所謂「校時器」（Zeitgeber）的區域性外在環境因子影響，這個德語詞彙的意思是「時間給予者」，由德國生理學家暨時間生物學之父尤金·阿紹夫（Jürgen Aschoff）所創。校時器可以是光線或溫度，甚至是人在一天中的情緒狀態，因此從多重感官的觀點來看，環境對於保持生活節奏非常重要。讓生理時鐘和生活作息同步，你才能在一天結束時睡得香甜，而且第二天精力充沛地起床。

順利起床的感官儀式

要以最佳狀態起床，我們必須以多重感官方式脫離睡眠狀態，並且啟動一天的生理時鐘。睡眠狀態中，最活躍的感官是視覺和聽覺；你可能以為嗅覺一直在運作，其實並非如此。研究顯示，睡眠時大腦會意識到氣味，卻不足以從睡夢中清醒。所以，起床的理想景色和配樂是什麼？

▼柔和的起床光線

以人體的晝夜節律來說，最佳起床工具是光線這個首選的「校時器」。白天時清醒、認知、充滿活力，夜晚則是休息和恢復，這已在演化過程中烙印在體內。如果每天早上都能在蔚藍天空下起床，我們一定會處於更好的狀態。位於科羅拉多州的一間睡眠實驗室曾安排一群受試者在洛磯（Rockies）球場露營，然後測量他們的晝夜節律和褪黑激素這種睡眠荷爾蒙的濃度。在充滿人工光線的住家裡，受試者不僅較晚起床，而且早上的「褪黑激素攻擊」（Melatonin Onset，應該在睡眠時出現的荷爾蒙突然大量分泌），會在醒後兩小時出現，導致一天中前幾個小時昏昏沉沉；這種情況稱為「睡眠慣性」（Sleep Inertia），可能會嚴重影響當事人的狀態。在露營期間，受試者的入睡和起床時間比平常提早兩個小時，早上的褪黑激素分泌則發生在起床前一小時，恰到好處。長時間接觸自然光線，讓受試者的荷爾蒙和睡眠模式漸趨一致，整合晝夜節律與生理時鐘。

在日常生活中，我們無法總是在星空下露營（很多人應該也不樂意），大部分的人不可能不拉窗簾，畢竟還有光害和噪音汙染，我們也不是總在日出時起床，特別是晝短夜長的冬天。不過，藉著日光鬧鐘的幫忙，我們可以達到類似條件。針對「人工黎明」鬧鐘的研究，已證實模擬日光有正面效果。荷蘭研究人員以深受睡眠慣性困擾的人們為對象，測試不同強度的日光鬧鐘。雖然在荷爾蒙分泌上，模擬日光效果不如自然光來得顯著，但是睡眠慣性問題卻大為改善，受試者起床後感覺更好、更有活力。實驗結果一再顯示，色溫六千五百K接近日光的藍白光燈泡效果最好。不過，同樣的荷蘭團隊在另一項實驗中發現，較暗又溫暖的光線也有正面效果。實驗小組觀察十六名在不同燈光條件下起床的女性反應，發現在較暗的兩千七百K色溫下改善幅度最大，這相當於六十瓦燈泡的亮度。這是一個好消息，因為快速清醒的好處可能抵銷不了在惱人強光下醒來的不適感，有點像是待在醫院開刀房。

因此，最佳的起床光線應該是有點明亮，但仍柔和溫暖。以我們所知的連結與情感來看，柔和帶點粉紅的色度會讓接下來的一天更清新積極，讓人聯想到春天百花綻放。當然總體來說，要和日夜規律同步最好的還是自然日光。所以，在戶外活動是調整睡眠週期和擁有優質睡眠的必要條件。試著每天沐浴在日光下至少兩個小時，你應該能察覺自己的變化；如果做不到，日光鬧鐘至少能幫助減輕睡眠慣性，讓你有更好的心情起床，尤其是在搭配正確的音景（Soundscape）時。

▼用自然聲響取代人工音效

被猶如緊急事件警報式鬧鐘猛然吵醒的傳統做法，絕對談不上是嶄新一天的美好開始。

據說人類生來只有兩大恐懼：墜落和巨響。從這個角度來看，一大早就激發人類演化形成的戰或逃（Fight-or-Flight）機制絕對是個笨方法；事實上，還可能會帶來危險。康乃狄克大學（University of Connecticut）高壓與臨床藥理學部主任威廉．懷特（William B. White）博士指出，人體血壓在睡眠時最高可能下降三〇％，起床時血壓則回復正常。他所說的「晨間血壓升高現象」，會導致上午時心跳停止的機率在統計上增加，所以早上嚇醒自己並不是好主意，特別是在週一！有份日本的研究測量一百七十五名東京郊區鄉鎮居民的血壓，發現最高值出現在週一早上，最低值則是在週日，這個結果與統計數字上每週一的心血管發病數量明顯較高的現象吻合。情況還能更糟嗎？

在睡覺時，聽覺依舊持續運作。知名睡眠科學家查爾斯．柴斯勒（Charles Czeisler）表示，在夜間即使最微小的聲響都會進入休息中的大腦，強迫我們轉入較淺的睡眠程度。我們可以反過來利用這點，做夢中途或睡到一半醒來會讓人昏沉，所以最好的鬧鈴時間應該要在完全喚醒之前，逐漸降低熟睡程度，鬧鈴開頭應該小聲，然後逐漸增大到適度音量。

在人工單調的警示聲中起床，其實是喪失更感性迎接早晨的機會。我們可以運用聲音來帶動正面情緒，並且激發更深層的內在連結，或許可以利用晝夜節律，以及節律和清晨的內在連結；既然有連結，在人類演化過程中必然有與**聲音**相關的習得連結，因此早上最適合的音景是悅耳的鳥鳴，帶來清新、自然與重生之感的聲音。激發這些情緒，也能在起床時營造更好的心情和狀態。同理，你也可以使用其他自然聲響，如寒風颯颯或海浪聲，只不過可能會在醒來時冷到發抖，或是有尿床的風險，我個人認為鳥鳴是最安全的選項。

完美的鬧鈴設定，應該是慢慢出現的柔和鳥鳴與聲音，然後在二十分鐘內逐步調高音量，讓你漸漸進入淺眠狀態。類似風鈴等音樂元素能增添正面情緒，所有的聲音不斷交織放大，直到一記遠處的鐘聲響起——仍舊悅耳，只是較大聲，剛好能把你喚醒的程度。這才是更文明和諧的聲音喚醒方式，完美搭配之前的柔和燈光，兩者與晝夜節律同步，讓你神清氣爽地迎接一天的挑戰。事實上，我已經做好這段音頻，命名為玫瑰園鬧鈴（Rose Garden Alarm），想試試的話，可掃以下QR碼下載。

現在鳥兒正在歡唱，而且你已經感覺到房間裡的光線。不過，還不到睜開眼睛的時候，你應該做個小小的感官健身操；些許正念（Mindfulness）練習，再搭配忍者訓練，能讓你一整天都五感並用。

▼三十秒感官訓練

我記得小時候看過一套訓練法（在圖書館借的「忍者訓練手冊」），日後仍深有同感，後來一有機會，就會試著進行。訓練內容完全針對感官，每天早上睜開眼睛前，專注你的五感去探知周遭環境。就算你不打算當忍者，這仍是很好的訓練；感官訓練在正念理論、認知行為治療（Cognitive Behavioral Therapy, CBT）及其他形式的行為治療中都很常見。專注於五感是讓你處於當下的有效方法。

躺在床上時，試著感知外面的天氣。你可以聽見多遠的聲音？聞到什麼氣味？嘴裡嘗到什麼味道？床單的觸感如何，還有你的四肢怎麼擺放？其他人是否起床了，是在室內還是屋外？花點時間使用每項感官，你將更專注也更有意識地展開這一天。隨著感官訓練，你的推斷會越來越正確。大約花三十秒練習，然後就該起床了。

讓起床更順利的感官處方箋

最棒的起床要有逐漸增強、完美搭配的燈光和聲音。設定好逐漸增強的時間，大概在計畫起床的二十分鐘前開始播放。

- **燈光**：以可控光線鬧鐘模擬黎明的天際。如果你可以調整燈光的顏色，除了冷冽的淺藍色外，略偏粉紅的白光也是不錯的替代方案。
- **聲音**：用逐步放大的鳥鳴聲當作鬧鈴聲。在燈光外加上能提振心情又和諧的環境雜音，會讓人感到充滿活力，一天即將展開。
- **專注你的五感**：在床上靜靜躺一下，專心運用每項感官來感知周遭環境。

以聲音和光線當作鬧鈴是可行的，有聲音選項的燈光鬧鐘已經問世，或者你也可以搭配使用兩套系統。比方說，你有可控燈光系統，就設定在早上逐漸增強，然後再將手機鬧鈴設定在同一時間播放玫瑰園鬧鈴。兩者搭配下，慢慢帶你進入較淺的睡眠狀態，最後喚醒充滿活力的你。

起床後，藍光和LED燈會抑制褪黑激素，並且刺激皮質醇分泌，這個壓力荷爾蒙會快速提供人體進入戰或逃模式的能量。所以盡情地查看郵件、社群媒體，或是任何手機上的內容吧！不用硬撐。每人每天平均盯著手機看的時間是三個半小時，如果真有所謂看手機有益健康的時段，一定是在起床時，這能幫助你清醒，並準備好迎接挑戰。當然也要視手機裡的內容而定，有可能會增加你的壓力！

讓今日行程更順利的衣著要領

該穿什麼服裝，應該以接下來一天的行程決定。我們的行為和思考會受到衣著影響，特別是制服或代表特定角色的打扮，這個現象稱為「衣著認知」（Enclothed Cognition）。

這個詞彙是由西北大學（Northwestern University）的哈吉．亞當（Hajo Adam）和亞當．格林斯基（Adam Galinsky）所創。在二〇一二年的一項研究中，兩人證實了受試者身穿實驗袍時，在注意力測驗的表現會比起沒穿時來得好，甚至也比穿著同樣袍子卻被告知這是藝術家工作服時更好。實驗袍代表專業和精準、注意細節，所以穿上時會影響受試者的心理狀態；受試者穿上實驗袍時犯下的錯誤，大約是沒穿實驗袍時的一半。

赫特福德大學（Hertfordshire University）的凱倫・潘恩教授（Karen Pine）也做過類似實驗，她讓學生分別在穿著一般T恤、平常服裝或超人（Superman）T恤的情況下，接受心智敏捷度測試。平常服裝和一般T恤的平均得分是六十四，超人T恤的得分則是七十四。穿著超人T恤的學生也覺得自己似乎在生理上變得更強壯、更受人喜歡，在社會表現上比其他人優越。

孩子才是這方面的專家，樂意為了任何活動精心打扮。我的六歲兒子林納思幫忙在牆壁掛畫時，會戴上安全帽和工具腰帶，或是出發去森林前換上羅賓漢（Robin Hood）裝——這是我們在成長過程中不需要改變，卻常常被遺忘的迷人嗜好。我不是要大家每做一件事就換一套造型，有時甚至只要一件單品就能帶來活力，就像超人T恤。

衣服上的小細節也能發揮類似作用，像是低調的紋路或配件。一群伊斯坦堡大學（Istanbul University）應用科學院時尚組的學生發現，鄂圖曼帝國兩名蘇丹衣著上的伊斯蘭「盧米」（Rumi）紋路細節，認為是為了激發穿著者的某種心態而特意繡在衣服上。這些小細節只有蘇丹能留意到，像是以符號表現的可蘭經語錄，或是特定的文字與詞彙，推論這是要激勵蘇丹在面臨困難任務時保持冷靜。這不僅代表人類早已對衣著認知有所察覺，如果穿著者感覺確實不同，更證明即使是最小的物件也能發揮作用。

因此，如果知道今天需要的能力或希望展現的行事風格，就選擇一套能為你加分的衣服和配件，以下舉幾個例子作為參考。

▼展現自信

一九八〇年代的權力套裝（Power Suit）絕對能給你滿滿的自信，或是你可以選擇黑色。一家線上店家曾詢問一千多名顧客，不同顏色各會帶來什麼感覺，黑色的答案主要是自信、聰明和性感；紅色是第二名的自信顏色，但也會帶來強烈的傲慢感。

你可以根據想要的自信風格挑選配件，骷顱項鍊適合你需要有氣勢時；或者也可以選擇對你有象徵意義的物件，像父親的手錶會讓你感覺更成熟穩重〔爸爸，如果你看到這一段，我是在暗示你該把勞力士（Rolex）給我了〕。

▼加強準確與精細度

如果你有一長串待辦事項或數字需要審核，就打扮成白領職員，中規中矩的服裝再搭配眼鏡。要是剛好有的話，為了加強準確度與對細節的注意力，你還可以穿上實驗袍。

▼激發創意

想要拿出畫架盡情揮灑時，就披上罩衫，戴上貝雷帽；或是不想特別打扮，就穿輕鬆一點，別穿太正式或很拘束的衣服，更能激發創意思考。

▼與人會面

如果要和很多人碰面，選擇讓自己感覺大方，還有令人感覺溫暖的服裝。你也可以配戴別人贈送的禮物，自我提醒他人心中的善意。

▼維持健康

活動筋骨的日子就穿上健身服，就算你根本還沒有踏入健身房，亮眼的彈性褲和運動風的拉鍊上衣，會讓你覺得做了對自己有益的事，也較不會出現大吃漢堡或蛋糕的行為。

▼放鬆心情

假如今天打算毫無罪惡感地放鬆一下，穿上舊的慢跑褲和T恤會降低大腦運作，調整到你想要的渾沌狀態。

你可以開始在生活中累積一些能改變心情的物件。如果你在工作上有了重大突破，購買的東西就會和這份感覺有了連結；如果你在贏得勝利後購物，像是在創意的事都穿同一件衣服，就會建立這件衣服與創意心態的連結。無論你賦予個別物件什麼意義，都可以好好利用，藉此引導出更好的自己；不只是改變你的感覺，也會提升你的思考。

影響認知與行為的香氣

自遠古時代起，人們便開始在早晨時往身上塗抹喜愛的香氣。羅馬時代博物學家老普林尼（Pliny the Elder）認為波斯人是最早的香水之王，會直接浸泡在香水裡去除身上的土垢味。此後很長的一段時間內，香水最主要的功能都是遮掩身上臭味與彰顯社會地位。直到晚近，美國嗅覺協會（Sense of Smell Institute）和《紐約時報》（*New York Times*）合作一項問卷調查，詢問男性和女性使用香水的理由。對男性來說，原因一面倒是為了吸引他人，而女性則偏向取悅自己或增加自信。

這兩種效果都獲得科學證據的支持。首先，香水的確會讓人更有自信。日本學者曾研究，擦了香水的女性會比沒擦時在肢體語言上更有自信。實驗內容是讓三十一名女性分別接受另一位女性面試，後者會接收科學家的指示，接受面試的女性中途被要求擦上香水。面試過程全程錄影，並請另外十八個人觀察，螢幕是靜音的，所以只能看見雙方的肢體動作，聽不到內容。擦上香水後的接受面試女性看起來更有自信，臉上浮現更多笑容，和面試官的眼神接觸也變多。另外，像是不停挪動身體或觸碰臉龐與頭髮等「負面」肢體語言也減少了。根據這些女性的說法，擦了香水後覺得比較放鬆，也更有「主導性」。

第二，味道好聞的人更有吸引力。在另一項類似的實驗裡，研究人員分給三十五位利物浦大學（Liverpool University）男學生無包裝的「新體香劑」，請他們天天使用。不過，半數男學生拿到的體香劑其實沒有任何味道或去味功能。數日後，研究人員請一些女性從相片和影片中判斷這些男學生的吸引力。之前從平面資料判斷，這些男學生獲得的吸引力評分不相上下，但在觀看影片時，使用真正體香劑的男學生被女性認為體格更好，因為展現自信的動作，所以變得更有吸引力。

無論你早晨在身上噴香水的動機，香味對認知與行為會有很大的效果，對擦香水和聞香水的人都是。每個人選擇香味會根據個人偏好，但是其實不同類型的味道會產生不同效果。香水品牌和零售商普遍將香味分成四大「家族」：清新調、東方調、花香調及木質調。雖然香味還有許多些微不同的分類，而且很多香氣其實兼具好幾種基調，但這仍不失為辨別香味特徵的好方法。為了幫助我們在每一天選出最合適的香水，一起來看看這四種香味各有什麼效果。

▼清新調

這種香水有戶外氣息並帶點柑橘味，屬於偏清爽的味道。如果你想要待人親切，試著擦上帶有柑橘味的香水。曾有一項實驗要求受試者分享對照片中人物的看法，同時在房間內飄散不同味道的淡淡氣味。當房間裡充滿檸檬味時，受試者普遍認為照片裡的人更好看也更容易親近。研究人員發現，效果最好是在香味幾乎無法察覺時，這就代表當你在早晨擦上的香水味慢慢消散時，見到的每個人都會看來更友善、順眼。

清新調氣味也能幫助心情充電，有效提振精神。有一份研究計畫將六百多名德國婦女依照人格特質對應這四大香氛家族，結果顯示外向的人多半選擇清新調。噴上清新調香水會讓人感覺你充滿活力又外向大方，也會增加你對其他外向者的吸引力。想一想你今天會和誰見面，還有對方的人格特質是否搭配你的香味，就會和大家相處得更融洽。

▼東方調

東方調香味含有像香草、琥珀，或肉桂和小豆蔻等木質香料的成分。上述提過的德國婦女調查，是由約西姆．曼辛（Joachim Mensing）和克莉絲塔．貝克（Christa Beck）主持，結果顯示個性內向的人偏好東方調香水。這種香味表達出個體性和內在信心，卻不會顯得冷漠或排外。

東方調氣味散發溫暖，而且會深刻地把這項特質投射在噴香水的人身上。在接下來的章節中，還會看到好幾個「感官的溫暖」和「情感的溫暖」交會的例子，前者包括溫暖氣味、溫暖溫度及溫暖材質；後者則像是給予他人友善、接納，還有歡迎之感。在情感中，溫暖對於我們是否喜歡某個人或某個地點有很大的影響。想想看，如果你要會面的人被形容為「溫暖的人」或「冰冷的人」時，你的反應應該會大不相同。所以，溫暖感能讓人留下好印象，而暖調香味對此很有幫助。

▼花香調

花香調會減少壓力，並幫助創意思考。帶有花香特質的香水會激發「情緒矛盾」（Emotional Ambivalence），也就是對某件事抱持著混合情感，反而會鼓勵創意思考。華盛頓大學（University of Washington）的研究人員曾做過研究，情緒矛盾狀態能提高找出不同概念間的特殊關聯，或是發現替代解決方案的能力。花朵香能挑起流動的情緒狀態，從中孕育新想法。

花香調也能安撫心靈。有一項研究以女性為對象測試不同種類的香氣，結果發現，當女性塗抹花香調香水時，焦慮感大幅下降、心情更放鬆也更開心。

▼木質調

使用木質調香水的人常被認為穩重實際，而且散發冷靜自信的氣質。木質調也具有安撫心理的作用；一項日本研究發現，雪松精油能減少壓力和焦慮。由於是以雪松、岩蘭草或廣藿香等氣味為基調，雖然不是男性專用，但木質調香水算是四大家族中較陽剛的香味。我曾在手釀啤酒坊和汽車銷售中心等不同零售環境裡使用木質調香氛，目的是彰顯工藝與信賴，它能強化「奢華」感，同時讓顧客在店裡放慢腳步。同樣的香氣用在身上也會展現相同特質，所以想要散發內斂自信、信賴感和溫暖情感時，請擦上木質調香水。

擦什麼香水取決於個人品味和心情，但是我們不妨多考慮一下不同香味對情感、心理、生理的深層影響。研究已經證實，與其他化妝品相比，香水對他人如何評價我們，包括社交、自信與有趣程度的影響更大。香水是能深遠影響自己和他人感受的悠久傳統，也是你可以運用的又一種感官工具。

打造健康的早餐氛圍

當你精心打扮並滿是香氣地走進廚房後，花點心思鼓勵自己做出優質選擇。每個人都應該試著在飲食和行動上過得更健康，而有些人需要一些幫助才能做到。在家裡其實也有辦法鼓勵自己做出正面選擇，碗櫥裡的食器種類可以化解調味清淡的空虛感。首先，來看看能促進健康選擇的感官處方箋。

▼明亮光線

第一件事就是將燈開到最亮；如果外面不是冬天的昏暗早晨，也請盡量拉開窗簾讓陽光灑入。明亮的光線會鼓勵我們選擇更健康的食物：好幾份在昏暗餐廳和明亮餐廳進行的研究都證實，受試者在明亮餐廳總是點了更健康的食物。南佛羅里達大學（University of South Florida）教授帝帕音．比斯瓦斯（Dipayan Biswas）致力於研究光線對飲食的影響，他和團隊在一家橫跨二十三個國家，擁有一千兩百間店面的「休閒餐廳」裡做研究。實驗當天，兩間在美國的店面採用昏暗燈光，另外兩間店面則使用明亮燈光，然後研究人員詢問顧客吃了什麼，以及對自己的健康警覺進行評估。明亮餐廳裡的顧客覺得自己的警覺度較高，選擇的餐點也偏向蔬菜、烤魚和雞肉，而不是油炸食品或豬肉、牛肉；昏暗餐廳裡的顧客吃下的卡路里明顯高出明亮餐廳的顧客許多。

回到實驗室，研究團隊複製了另一個實驗；明亮或昏暗燈光環境下，食物選擇則是一般奧利奧（OREO）餅乾和奧利奧巧克力夾心餅乾，受試對象是一百三十五名學生。在明亮的環境下，多數學生選擇「較健康」的版本。

▼清新、提神的氣味

記得在前言中曾提到一項紐西蘭研究，受試者在聞到新鮮草香味時會選購較多天然食品。上段提及的南佛羅里達大學研究也把柑橘香氣加入實驗條件中，當研究人員請受試者選擇起司蛋糕或水果盤時，加入柑橘香氣的效果會比只有明亮光線還要好，兩者並行時，更多的人會做出健康選擇。研究人員認為，人們在心理警覺度較高時，會傾向活得更健康，而明亮光線和柑橘香氣結合會產生正面的振奮效果。從多重感官的角度來看，兩種元素相輔相成，造成「優加性」效應——光線顯得更亮，柑橘味顯得更清新。

▼保持安靜

你或許以為大聲動感的音樂會是明亮光線和清新氣味的好夥伴，請放心選擇你喜歡的明快音樂來搭配環境，但是記得保持低音量。比斯瓦斯在這個研究領域又再度拔得頭籌，他的團隊記錄在一家咖啡館中，顧客不同類型和音量的背景音樂下選擇的午餐。不管播放的是流行樂、爵士樂、古典樂或重金屬樂，結果都一樣：人們在音量較低時，吃得較健康。當研究人員回到實驗室進行同一實驗，請受試者在水果沙拉和巧克力蛋糕之間做選擇，背景音樂大聲時，選擇巧克力蛋糕的人數會高出許多。音樂種類似乎沒有差別，重要的只是音量。

顯而易見地，故意挑戰自己不是一個好主意，你不需要為了驗證比斯瓦斯教授的說法，而在面前放一盤水果沙拉和巧克力蛋糕來考驗自己。只要你的櫥櫃裡都是有益健康的好食品，就不會面臨這種重大抉擇，之後會提到在賣場裡要如何抗拒四周的誘惑。

吃得更健康的感官處方箋

- 燈光：明亮，最好是日光。
- 氣味：清新且提神，像新鮮香草或柑橘味。
- 聲音和音樂：歡快但柔和小聲，提高警覺度。

現在你已經準備好要健康飲食了，我們還可以做一些安排，讓早餐吃起來更可口。早餐的呈現方式其實有很大的影響，以下是提升風味、甜度、美味，卻不會增加卡路里的感官處方箋。

▼分量感十足的容器

關於早餐的跨感官加分法，我必須先假設你的早餐是一碗優格加麥片，但是其實不管吃什麼，感官效果應該都一樣。將早餐放在沉重的碗裡，吃起來會更豐盛美味。牛津大學（Oxford University）的研究人員曾將相同的優格分別放入輕薄的塑膠碗和厚重的陶碗，然後請學生試吃，裝在陶碗裡的優格被認為品質較好、較濃稠，即使是同一個人用這兩種碗一前一後吃到一樣的優格，還是會覺得不一樣。

在這個案例中，除了我們習得的情感連結外，手中感覺到的重量及拿重碗所花的工夫，也轉換成另一種形式的感官「重量」，因此沉重變成稠密或濃厚，而且更昂貴。重量和口味、品質的連結，在食物與飲料上經常可見，請拿出櫥櫃中最重的碗吃早餐，用沉重的馬克杯增添咖啡風味。開動後記得將碗拿在手中，感覺它的分量。但食器的選擇不只是重量，如果你想有最好的早餐經驗，還有其他應該注意的細節。

▼圓形與圓形紋路的食器

回到前言裡提過的大哉問，圓滑形狀和尖角形狀，哪一個較甜？事實上，幾乎每個人都會選圓滑形狀。我們連結甜味和曲線形狀，所以使用圓形食器或有圓形紋路的食器會增加甜度，還會讓食物的風味更濃郁。

荷蘭特文特大學（University of Twente）的一群研究人員，曾用三D列印兩個形狀一樣但紋路不同的馬克杯，測試對風味的影響。一個杯子布滿圓形紋路，另一個則有著稜角紋路。研究團隊在超市舉辦假品牌飲料試喝活動，讓賣場顧客用其中一種杯子試喝咖啡或熱巧克力，然後詢問對甜度、苦味、濃淡、可口度的看法。平均來說，盛裝在圓形紋路馬克杯的飲料會比起裝在另一種杯子的飲料甜度高出一八％；同一種飲料用稜角紋路的杯子飲用，喝起來的苦味會高出二七％，而且感覺較為濃烈。如果你想減少糖分攝取量，別用紋路剛硬的杯子喝飲料，要選擇圓形的碗或杯子，最好連上面的圖案都是圓的。

▼讓清淡食物更美味的紅色食器

你可以在家進行一個實驗，煮一大壺咖啡，拿出不同顏色的馬克杯，如果可以的話，最好是紅色、黃色和藍色。將咖啡倒入馬克杯中，然後一杯杯品嘗。喝起來一樣嗎？如果你沒有動手做，可能會以為每杯喝起來都一樣；畢竟是同一壺咖啡。但是，現在你應該已經發現，味道不只是針對盤子裡的食物，還會受到別的因素影響，或許還有其他跨感官的事物在影響你的味蕾？在數份針對顏色如何影響味道的研究中，發現紅色器皿會讓食物和飲料嘗起來更甜、更濃郁。

我曾在英國國家廣播公司第四電台（BBC Radio 4）以熱巧克力做實驗。有個政治節目正在探討選民如何決定投票給誰，以及這個決定是否根本是不自知地接受某些訊息的結果，像是候選人的襯衫顏色，節目請我證明人們的確受到類似因素左右。於是，節目主持人坐在播音室，我則在另一個房間裡，把熱巧克力分別倒入紅、黃、藍、黑四種不同顏色的馬克杯裡。在此之前，我已經先錄音表示有自信主持人會選擇紅色杯子。接著，我端著這四杯熱巧克力到播音室請節目主持人一一品嘗，讓對方說說對這四杯飲料的評價。首先是黃色杯子，她覺得有點淡；藍色杯子的稍微好喝一些；紅色杯子的更濃郁香甜；黑色杯子裡的熱巧克力則有苦味，不好喝。而後我詢問節目主持人最喜歡哪一杯，一如預期，她的答案是紅色馬克杯，因為裡面的熱巧克力更濃醇，品質更好。

這個訣竅可以讓清淡健康的食物吃起來更香甜、更美味，你可以省下麥片裡另外加入的蜂蜜，咖啡、茶飲裡也不需要再放糖；這個感官飲食法讓你不需要增加卡路里，就能享受更美味的早餐。

增加甜度和滋味的感官處方箋

- 顏色：紅色（鮮豔的紅色，不是黯淡的豬肝色）。
- 形狀：圓形。
- 紋理：平滑、圓點、波浪形。

• 重量：沉重。

吃完早餐，希望你已經活力充沛、心滿意足，準備好展開全新的一天。下一個行程是運動；不過在進入行程之前，會先花點時間分別談談每一項感官。

第二章 麥格克效應

——聽覺、味覺如何受到視覺左右？

從第一章到結尾，書中會有一些段落和日常行程無關，而是分別探討每一項感官，了解它們的奧妙，還有在我們對世界的感官認知中扮演的角色。第一個登場的，當然是亞里斯多德（Aristotle）認證的第一名；而且從來沒有人質疑過亞里斯多德的看法，我說的是視覺。

在提到嗅覺、聽覺、味覺和觸覺時，視覺會遭受一些批評，但原因是我們常常會因為眼睛看到的東西而忽略其他感官。大多數時候，視覺和物品外觀的重要性凌駕一切，也經常是我們考慮的唯一因素。住家、辦公室、醫院、藝廊、公共空間、城鎮和都市設計中，我們幾乎把焦點全部放在視覺感受，鮮少想到這些地方應該聽起來或聞起來如何。電影的視覺特效預算可以高達數千萬美元，但配樂與音效的預算卻只是九牛一毛，即使大衛·林區（David Lynch）曾說過耳聽的重要程度不亞於眼見的一半，甚至更多。餐廳會先花費數百萬美元裝潢，才讓值班經理播放喜歡的音樂。換個角度來說，本書是在表達我們應該放更多注意力在其他的感官上，卻也不能否認視覺在決定行動與認知環境時的主導地位。

亞里斯多德對各項感官的排名是視覺、聽覺、嗅覺、味覺，最後是觸覺。幾千年後，荷蘭台夫特里大學（Delft University）工業設計系做了消費者調查，想知道在評估四十五種從水壺到洗衣精等不同類型產品時，哪一項感官最重要。最後結果依序是視覺、觸覺、嗅覺、聽覺，再來是味覺。和亞里斯多德的看法不太一樣，但第一名卻毫無異議。

人類在生理結構上本來就是以視覺為重，我們的雙眼在大腦前方，「看見的」是光線，看到的「畫面」則是大腦告訴自己的內容。這是我們從眼睛看見，然後轉化並擷取出意義的過程。因此，視覺其實是極度不同的習得感官，它不像是分子在空氣中散發的氣味，或是能形成聲音的震動和壓力變化，而是許多複雜的神經系統一起運作的結果。人類在剛出生時，就能聽見幾乎所有成年人能聽見的聲音，也能聞到一樣多的氣味，但在嬰兒時期卻只能看見眼前八吋內的事物，對顏色的認知大概只有黑、白兩色。位於視網膜上，負責接收上百萬顏色訊號的視錐細胞，一直要到出生後幾個月才會開始發展；隨著視覺成熟，影像漸漸躍升為主角，眼睛也成為無比精細的感官接收器。許多學者都認為，我們對環境的認知約有八〇％

是透過視覺。

「康丁斯基之味」的實驗

即使在其他感官主導的時刻，像是吃飯時的味覺，視覺仍對我們的感受有莫大影響。例如，牛津大學跨感官研究實驗室（Crossmodal Research Laboratory）曾做過一項名為「康丁斯基之味」（A Taste of Kandinsky）的實驗，讓六十名受試者品嘗一道餐點。餐點相同，只是有一般、工整和「藝術風」三種不同的擺盤法。「一般」擺盤就是把所有食物放在盤子中央，排列的形狀類似圓形；「工整」擺盤是把每樣不同食材分開一排排，對齊擺好（看起來不怎麼美味，不過至少知道自己在吃什麼）；至於「藝術風」擺盤則像是畫家瓦西里・康丁斯基（Wassily Kandinsky）的作品《二〇一號》（*Painting Number 201*）。六十盤餐點，每種擺盤各有二十份，但是吃的人並不知道還有另外兩種擺盤法。

受試者在品嘗餐點前後都必須填寫問卷，內容包括對擺盤方式的好惡、預期的美味程度，以及吃完後的感想。這三種擺盤法的問卷結果截然不同，藝術風擺盤讓受試者對餐點的喜好程度高出許多，食物被認為較美味，受試者也願意為這道菜支付更多錢；一般擺盤的受喜好程度居中，工整擺盤則是敬陪末座。有趣的是，人們對食物味道的期待與吃完之後評價的落差，藝術風擺盤的受試者預期沙拉會很美味，而且吃完後覺得比期待的還要好吃，但一般擺盤則是在吃完後的評價下滑，至於食材各自一排排對齊的工整擺盤，吃之前的期待和吃之後的預期則完全相同。

康丁斯基風的視覺美感莫名地提升食物的味道，這或許代表每個人都有與生俱來的美感。誠如研究人員的大膽推論：「藝術風的食物擺盤或許是康丁斯基原本畫作中傳達訊息的可食用版。」

無論是否真的如此，這份研究不只證明視覺會影響味覺，漂亮的外表不僅吸引視線，也會挑逗味蕾。此外，正如「工整」擺盤的結果，當我們看見認識的食材時，心裡就已經知道味道如何。我們的視覺根據過去的經驗，先幫自己做好心理準備，你看見的就是得到的，即使根本不是如此；如果你看見一樣東西，並預期它就是這樣東西，結果其實不然，視覺仍會勝出，你會接受眼睛給予的資訊。

被顏色誤導的品酒專家

關於這個現象的好例子是，一群品酒專家被誤導，以為喝的是紅酒，其實只是染成紅色的白酒。二〇〇一年，還在波爾多大學（University of Bordeaux）攻讀博士的斐德列克．布洛許（Frédéric Brochet）提供五十四名酒研學員每人兩杯一樣的白酒，其中一杯加了無味的紅色食用色素。形容白酒時，學員使用常見的白酒相關詞彙：「花香」、「蜂蜜」、「蜜桃」及「檸檬」；但是接著使用一大串紅酒常用的詞彙描述那杯染色的紅色白酒：「覆盆子」、「櫻桃」、「雪松」與「菊苣」。誠如布洛許發表在《時代》（*Times*）雜誌上的文章表示：「他們預期喝到紅酒，於是真的喝到了……大概有二%或三%的人喝出白酒味道，但全都是不太了解葡萄酒文化的人。品酒師反而喝不出來，他們接受的訓練越多，就越容易犯錯，因為受到顏色的影響。」

根據我們賦予的意義，顏色讓我們對周遭環境的許多特質有了預期。我們對顏色的假設很多都有共通性，也能進一步抽象化。用一個熱門的例子說明：哪一個顏色比較重，紅色還是黃色？大部分的人都會說紅色比黃色重；就像認為檸檬是快的一樣，紅色與黃色問題是最常被引用的跨感官對應關係例子，顯示我們對世界的多感官認知。但是從出生就失明，從未見過任何顏色的視障人士，也會回答紅色比黃色重。

義大利和比利時的學者找了四十六名視力正常和四十六名早年失明的人，詢問他們一連串多感官的變化題，像是「檸檬是快還是慢？」、「哪個顏色比較重，紅色還是黃色？」以及「大石頭是甜還是酸？」（最後一題的答案通常是酸）。因為顏色只能透過視覺感知，所以紅色與黃色那題成為兩組受試者的分水嶺。非視障人士組約有九〇％的人回答紅色較重，視障人士組則有七〇％的人給出一樣的答案。這個結果凸顯在前言裡提過關於感官認知的重要問題，感官連結究竟是透過語言經驗習得，還是人類與生俱來就有各種聯覺。從這個實驗結果來看，其實兩種說法都對，端看你如何解讀。早年失明的人從未見過紅色，卻聽過對紅色的描述和比喻，但是就算他們沒有真的看過紅色，心裡可能也會自然出現紅色是沉重的聯覺，而我們對紅色的語言和情感意涵則是透過發展來反應這個關聯。

與生俱來的視覺偏見

在很多情況下，雖然還有其他感官同時運作，但視覺仍居於主導地位。從顏色造成特定的感官期待，到麥格克效應（McGurk Effect），後者證明視覺面對聽覺時具有「優勢感官地位」。每個人都應該看看麥格克效應的影片，因為看過才會相信。這個意外的發現是在一九七六年，哈利・麥格克（Harry McGurk）和約翰・麥當勞（John MacDonald）當時正在進行關於嬰兒語言發展的實驗。他們把一個人對著鏡頭講話的畫面配上不一樣的聲音，結果神奇的事出現了。在螢幕上，你會看到有個人一直說著「發、發、發」，但配上的聲音卻是一直說著「八、八、八」。同時出現兩個彼此衝突的感官訊息，大腦必須決定相信哪一個。即使你實際聽到的是「八、八、八」，大腦會告訴你，聽見的是「發、發、發」，因為這是眼睛看見的。閉上眼睛，你會聽見「八」，看著畫面則會聽見「發」，很瘋狂吧！就算你心裡清楚這是怎麼一回事，卻還是無法改變耳朵聽見的內容。

當我們看見其他人的臉時，其實值得花點時間思考，自己是如何以視覺從其他人臉上擷取訊息。大腦的視覺皮質裡有一區專門處理臉部。對嬰兒來說，人臉是最能引起注意的，在開始能行動時，人類演化而來的傾向是爬向開心笑臉，而不是猥瑣的臉龐。即使只看了十分之一秒，我們還是能根據臉龐來判斷對方的個性。

加寧・威利斯（Janine Willis）和亞歷山大・托德洛夫（Alexander Todorov）這兩位普林斯頓大學（Princeton University）心理學者，證實我們在倉促間做出的判斷總是反應出長久演化的結果。他們讓受試者瀏覽各種不同人臉的圖片，有的看十分之一秒，有的看一秒，然後請受試者以最快的速度回答各種問題，像是這個人有能力嗎？是否討人喜歡？吸引力大不大？另一組控制組的受試者也看了相同的人臉圖片，但是沒有時間限制。不過，十分之一秒快閃圖片組做出的判斷幾乎和控制組一樣。

根據臉部評判的特質裡，我們最有信心的是「信任度」。圓潤五官、大眼及娃娃臉，會讓人認為值得信賴。一群學者在檢視五百零六件法庭小額賠償訴訟案後發現，無論是原告或被告，娃娃臉或有魅力的臉較容易勝訴；由於我們與生俱來的視覺偏見，只要陪審團能看見當事人，就不會有所謂的公平審判。同理，方形臉和輪廓分明的下巴，也會讓我們覺得這個人較有能力與主見。

綜合所有感官，調整視覺的影響力

二〇〇五年，有一項研究以七〇%的準確率預測美國參議院選舉結果，方法是讓一群選民看候選人的照片，然後詢問他們認為照片中的人能力如何。光靠臉部就給人有能力印象的候選人勝選率更高，這個現象後來在其他文化中也獲得證實。

人類似乎發展出一套會影響情感判斷的臉部辨識視覺語言，甚至在我們尚未意識到是怎麼一回事前就受到影響，而且因為是演化的產物，所以沒有一個人例外。對人類這種高度社交的種族來說，快速判斷對方是敵是友的確非常重要。問題出在，我們的瞬間直覺與判斷通常是錯的，下巴輪廓分明的人不一定有能力，圓臉的人更不見得值得信賴。普林斯頓大學教授托德洛夫的解釋是，或許因為我們看到的人臉過多，視覺皮質轉而執行最簡單的分類，並把某些五官特徵歸因到特定的人格特質。我們唯一能做的就是，盡可能接觸各種不同外形的人，不分種族、信念、顏色、臉形和五官；訓練自己調整視覺偏見，以自己的經驗來挑戰內建的瞬間判斷。

視覺通常是我們接觸任何人或事物的第一項感官；「預先」在腦中設定接下來其他感官

將有的感受，從此開始發揮它的影響力，但是其他感官仍舊存在，並且不斷彼此傳送訊息。亞里斯多德說每一項感官各自獨立是不對的，我們所有的經驗都包含多項感官，以感官各自獨立為假設做解釋，一開始就是錯誤的。誠如本書的主旨，如果每項感官接受到的訊息都很和諧、彼此契合，效果就會更強烈，生活也能更有樂趣。從食物到飲料、從辦公室到客廳，針對不同情況，選擇正確的顏色、形狀、燈光和擺設會帶來莫大的幫助。在接下來的章節裡，會盡可能涵蓋更多例子，現在就讓我們展開這一天——該運動了。

第三章

越動越帶勁

——音樂大聲讓你跑更快，自然光讓你更有動力

每天最好的運動時間是早上七點到八點，或是下午一點到四點之間，在這兩個時段運動，能把你的生理時鐘調整到更符合自然的時程，作用就像第一章提到在科羅拉多州星空下入眠能整合晝夜節律一樣。「時段轉移」效果與每日運動成效最佳時間這兩個主張，其實是很近期的發現。二〇一九年，亞歷桑納州立大學（Arizona State University）和加州大學（University of California）為了研究，招募約一百名來自不同年齡層的受試者，請他們於特定時間在跑步機上跑一個小時：分別是清晨一點、四點、七點、十點，還有下午一點、四點、七點、十點。研究團隊測量受試者跑步前後的褪黑激素濃度，在早晨七點，還有下午一點和四點這三個時間運動的人，成功調整體內的褪黑激素攻擊（睡眠荷爾蒙）到正確時段，也就是提早幾個小時到仍在睡覺時，能有效改善醒來後的睡眠慣性現象。

在晚上七點和十點運動則有相反的效果，會進一步延遲褪黑激素分泌。這對每天行程固定的人來說是負面影響，但是可能適合做夜班工作的人。在晚上工作前運動，可以讓晝夜節律趨近你特殊的作息時間。

如果無法在早上七點到八點之間運動，下午可能會比較容易，尤其在週末下午一點到四點間運動，能對抗「社交時差」（Social Jetlag），這指的是你整個星期前五天都規律作息，週五晚上突然在外面待到半夜兩點才回家的後果，第二天可能會一路睡到週六早上，然後到了週一早上只能掙扎起床。如果你希望週末依舊能賴床，但週一就恢復正常作息，強迫自己在週六和週日的下午一點到四點間運動；到了週一早上，就會發現自己又能神清氣爽地起床了。

為了配合本書的編排，我把運動安排在早晨時段。從感官面來說，運動是為了確保周遭環境和你的心理狀態、情緒，以及所參與的活動是一致的。鍛鍊是為了讓你覺得有活力、幹勁、有自信，並且讓自己被能支持這種感覺的感官元素包圍，進而激發展現出一致的行為。

運動前的準備工作

假設你已經來到健身房，正朝著更衣室走去，準備換上運動服。你可能打算好好跑步，參加團體課程，或是來場比賽。顯然地，你無法掌控更衣室與健身房的環境，但是能控制自己的服裝和隨身用品。

▼明亮的顏色，幾何、有稜角的圖案

說到風格，「運動服飾」有很多值得討論的地方，永遠如此鮮豔，布滿瘋狂的圖形和顏色；其實這些背後有著證據支持。如果將活力這個概念和畫面做類比，應該會是有稜角，並且明亮、銳利的形狀及搶眼的色彩。有稜角的形狀充滿活力，常用來代表行動、精準、企圖心；不少研究都顯示，向下的「V」圖案反映一張生氣的臉，而且會吸引我們的目光，因為人類的演化機制會偵測威脅。回到衣著認知的理論，如果我們希望感覺精力充沛與敏銳，應該穿上亮色且有稜角圖案的衣服。

▼比賽時穿上紅色

據統計，穿著紅色會提升在運動時的表現。有群學者研究二〇〇四年奧運，拳擊、跆拳道、希臘式摔角和自由式摔角比賽的勝負結果。每場比賽開始前，選手會以丟擲銅板隨機分配紅色或藍色作為代表顏色。結果發現，分配到紅方選手獲勝的機率高出七五％；二十一場比賽中有十六場是由紅方選手獲勝。當雙方的實力不相上下時，紅色的效果更顯著；在這種情況下，顏色似乎成為決定勝負的原因。

顏色的心理效果不僅止於肢體搏鬥的比賽。同一群研究人員也分析二〇〇四年歐洲足球聯賽（UEFA Champions League）的隊伍，他們比較五支主要球衣為紅色，但是有些比賽會穿著藍或白色條紋球衣的隊伍，發現五支隊伍都在身穿紅色球衣時有較高的進球數和獲勝數。

研究人員認為，在對手眼裡，以紅色為代表的你看起來較危險與堅定，而穿白色或藍色條紋球衣的對手則會感覺比較膽怯，造成心理優勢。

▼發出正確聲響的衣服

你聽見的每種聲音都會影響情緒和行為，不過我們通常都會忽略物品與衣服發出的聲音，或是未能善加利用。在我的工作中就有這樣的例子，產品是電動牙刷。製造商完全沒有考慮聲音的影響，但是我們證明如果牙刷的馬達能再大聲一點又更柔和，使用者會立刻覺得牙刷功能更強，而且對牙齦溫和。最後，製造商對聲音的重視程度與對外觀（幾乎）一樣。

你通常不希望衣服發出聲音，但是有些質料在運動時產生的聲音，的確能帶來提升表現的情緒激勵。想像一下，使用壓扣和魔鬼氈的上衣，在你扯開上衣時分別發出的聲音，可憐兮兮的壓扣啪啪聲，還是有力痛快的魔鬼氈撕裂聲？大撕裂聲能為你注入一股能量，加速取得勝利。

比起穿著柔軟質料，移動身體時幾乎沒有聲響，摩擦聲高亢的人造纖維能帶給你更多活力。無聲軟布料可能對必須保持穩定節奏的運動有好處，像是長跑、騎車或划船；但是人造纖維的沙沙聲更適合迅速移動、能量爆發。選擇衣著時可加以考量，想想你需要什麼樣的心理狀態，又是什麼聲音能激發這種心情。

▼具有分量的水壺

水壺是運動時常伴左右的物件，我們也可以用感官角度來挑選，讓水壺完美搭配正在進行的運動與周遭環境。如果你在運動過程中常常喝水，最好使用沉重的水壺，讓手中的重量轉化成力量和自信的感覺。就像早餐的沉重食器或脖子上的沉重項鍊一樣，重量會讓人感覺到優質、力量和堅韌。

壺身最好是金屬材質，觸摸時才會感覺冰涼提神，這些感覺會帶來活力感，和套著羊毛罩的熱水壺恰好相反。水壺上最好有稜角，感覺更有動能，也會讓裡面的液體喝起來更清新。

▼薄荷風味水

研究已經證實，在水裡加幾滴薄荷能降低血壓，並且提高呼吸系統的效率容量，進而改善運動表現。伊朗運動科學家以五百毫升的水稀釋〇．〇五毫升的薄荷精油，請一群男學生每天喝一瓶。十天後測量這些學生在跑步機上的表現，學生的成績和肺功能都有進步，運動時間更長，而且休息與運動後的心跳速率也較慢。

▼檸檬香茅或其他活潑香氣

以運動前的激勵香氛來說，有些成分確實會讓人有躍動的感覺。香水會以這些成分作為賦予香味能量的「前調」，檸檬香茅就是其中之一，還有「醛」；醛是合成香氛，加入香水後會讓人在剛聞時直衝腦門；經典的「香奈兒五號」（Chanel No. 5）香水就是第一款使用醛的香水。這類香氣非常活潑有力，其中以檸檬香茅最佳，因為它清新、新鮮、生動，完美搭配我們迄今布置的感官環境。在換上運動服後噴一點在空氣中，你就會能量充沛地踏出更衣室。

準備運動前的感官處方箋

- 顏色：要比賽或是想感覺更有自信、更強大，請穿紅色。明亮的顏色可以帶來能量。
- 圖案：選擇布滿瘋狂有稜角圖案的衣服，這樣的衣著認知會增加你的活動力。
- 聲音：想一想你衣服發出的聲音，這種聲音對你的活動會有什麼幫助。
- 形狀：同理，身邊的物品盡量選擇有稜角、方正或尖銳的形狀，包括水壺。
- 味道：加一點薄荷精油，或是在水裡放一點新鮮薄荷葉。
- 香氣：用檸檬香茅之類的活潑香氛，提振你的能量。

運動中的表現提升

運動時最重要的感官夥伴就是音樂，每家健身房都全力播放最新、最動感的歌曲來維持氣氛。音樂已經證實對鼓舞精神有莫大的效果，無論在健身房內外。以下幾點能讓音樂的效果更完美。

▼聽自己喜好的音樂

除非你特別偏好健身房選擇的流行舞曲，否則聽自己喜歡音樂的效果遠比聽別人選的音樂來得好。

在一．五英里的跑步競賽中，德州農工大學（Texas A&M University）學生聽自己的音樂時跑得較快，在一樣的努力下取得更好的成績。加州州立大學（California State University）人體性能實驗室（Human Performance Laboratory）的另一項研究也得到類似結果：科學家測試一群男性在播放自己所選歌曲的房間裡，做深蹲跳的速度。當受試者聽著自己挑選的音樂，然後開始深蹲跳時，他們的動作更快，躍起的力道更大，並且表示感覺更有體力！不過，他們並未跳得更高。

聽自己的音樂效果會更好，部分原因是你更容易渾然忘我，不再把注意力放在重複的動作上。自選音樂也會讓你的心情愉快，而且聽喜歡的音樂會幫助放鬆，鬆弛的肌肉能有更高的血流量。這些效果加總形成「心理生物面」影響，提升你的運動能力。

▼輕快大聲或緩慢小聲

英國曾有一項研究想找出運動時最佳音樂的節奏和音量，最佳指的是提升運動表現方面。受試者每次跑步十分鐘，第一次沒有音樂，再來是緩慢小聲的音樂，第三次是緩慢大聲的音樂，最後則是輕快大聲的音樂。有音樂時的表現較好，跑得最快則是在音樂輕快大聲時。

但是，該研究還有另一個有趣的發現。當音樂輕快大聲或緩慢小聲時，受試者都會進一步鍛鍊自己，加快在跑步機上的速度；不過，緩慢大聲或輕快小聲時就不會。這表示如果你喜歡慢板音樂，只要小聲地聆聽也會對健身有幫助。最合理的解釋是，這兩種組合是和諧的。我們以為大聲就等於高能量。其實當節奏與音量相對應時，我們不會被怪異的違和感干擾，因此也不需要耗費能量來處理這個矛盾，反而能接納感官激勵，讓音樂的好處盡情發揮；分散注意力，保持好心情。

所以想要動得更快，就聽輕快大聲的音樂；如果只想要和緩地健身，就小聲地放點慢歌。

▼粗獷的低音和清脆乾淨的高音

關於音樂的最後一點是，有些音質能進一步幫助你的表現，在我這一行稱為「聲音綱要」（Sonic Brief），也就是品牌應該使用哪種音樂來傳達價值與個性的指導原則。如果把「運動」當成品牌，並且遵循剛才開立的感官處方箋，我們想要表達的個性就是自信與有力，好處是它能讓你感覺積極、清新、有活力。所以，運動的「聲音綱要」是：

- 充足的低音，激發力量和自信。
- 低音部分應該要有織體（Texture，音樂結構的編排方式），提高自信與態度。
- 高頻率的聲音應該乾淨清脆，達到醒腦效果。
- 音符密集，避免其中有大量回音或空檔。
- 音符演奏應該短促有力，帶來主動敏銳的感覺。

至於運動時令人不舒服的汗味，健身房通常都有專用香氛，最好不要試著完全遮掩這股味道。對大部分的人來說，吸滿汗水的布料和消毒濕巾混合的刺鼻氣味已經烙印在腦海裡，成為感官記憶，聞到後反而會像喝了能量飲料一樣蓄勢待發。雖然不是很宜人，但是振奮效果不輸現磨咖啡或剛出爐的麵包。

不過從個人角度來說，在周圍噴灑一點香氛已被證實和音樂有異曲同工之妙，能分散對「鍛鍊」的注意力，讓人更進一步挑戰自我。有份研究邀請一組受試者在鼻子下放置聞香條時抓著握力器，另一組則是在沒有香味的環境下進行。結果顯示，有香味那組能緊握握力器更久，受試者表示較不注意時間長短或手部的不適感。

▼薄荷香氛增加肺活量

上述提及的握力器實驗，使用薰衣草和薄荷香味。雖然兩者都有效果，但薄荷是健身時的最佳選擇，運動時可在毛巾或身上噴一點。前面提過，喝下含有薄荷的水會增加肺活量，進而幫助提升運動表現。聞到薄荷味的冰涼感，會幫助呼吸並降溫。

薄荷也能加強精準度，一項菲律賓研究顯示，聞了薄荷味後的人射飛鏢的精準度提高許多。射飛鏢當然不算是真正的健身運動（如果你認為射飛鏢算健身，麻煩就大了）。這個研究計畫找了一百名不會玩飛鏢的學生，請他們先花兩分鐘嗅聞浸了薰衣草或薄荷精油的棉球（控制組在這兩分鐘內沒有做任何事），接著大家開始射飛鏢，聞了薄荷精油的學生表現得更精準、穩定，而且較不焦躁。實驗本身有些古怪，但是由此可推斷，在打籃球或網球前嗅聞薄荷味可能會帶來一點優勢。

關於香氛的使用，訣竅就是不間斷，每次運動都不遺漏。只要建立連結，每次聞到就能帶出正確的感覺；你可以隨時在需要時進入正確的心理狀態。如果發現自己缺乏出門運動的意志力，聞聞你的專屬香氛或許能突破現況。

▼和身材健美的人一起運動

很多時候，運動是以團體為單位，像是飛輪課、體雕課或混合健身課等。好處顯而易見：有人看著你會更挑戰自己的極限，而且較不會中途放棄。人們天生渴望社會接納，這表示我們總是會為了融入團體而做到最好，有時這被稱為「社會比較理論」（Social Comparison Theory）。密西根州立大學（Michigan State University）有一項研究證實該理論對運動動機的影響，研究團隊請受試者先獨自做棒式運動（Plank），再做時旁邊的螢幕會出現一個虛擬對手，設定在比受試者厲害的程度。平均來說，當旁邊有虛擬對手時，受試者的棒式動作拉長二四%。

有時候這個作用會帶來負面影響；為了融入，我們會盡力適應周遭人們的水準，不管對方的程度是高是低。有份研究為每位受試者分配一個運動夥伴，後者會根據指示，表示自己運動很厲害或非常糟糕。結果發現，不知情的受試者也會根據夥伴的程度砥礪自己或變得鬆懈。因此祕訣是，不是找一個比你強健的運動夥伴，就是參加學員都鬥志高昂的團體課程。

▼和隊友擊掌

運動時，觸碰他人對團體與個人表現都有幫助。如果是團隊比賽或團體健身，你應該盡量和其他人擊掌或擊拳。加州大學柏克萊分校（University of California, Berkeley）研究人員，分析美國國家籃球協會（National Basketball Association, NBA）在二〇〇八到二〇〇九年賽季的表現，計算每支隊伍在比賽中觸碰隊友的次數。結果發現，在賽季一開始就自在碰觸隊友的球員表現優秀許多，不論在個人或團隊都是如此。以整個賽季來看，隊友間觸碰次數增加也明確提升團隊表現。研究人員相信，觸碰會增加社群團結感與合作，這是團隊運動的根本。除了讓人感受到來自其他隊友的溫暖與信任外，觸碰也會帶來自我肯定感。

▼注視自然綠意，實體或影像都好

運動科學家以「綠色運動」（Green Exercise）一詞描述在自然環境裡進行肢體活動，其中的生理和心理好處也越來越廣為人知。不過，艾塞克斯大學（University of Essex）生物科學學院曾做過一項研究，發現光是看著大自然（甚至不是真的也可以）的幫助，幾乎與身處戶外不相上下。

研究人員先以騎車者視角拍攝一段穿越森林的影片，然後製作成三個版本：第一個版本是黑與白、第二個版本染上紅色調、第三個版本則是維持充滿綠意的原貌。接著，在一輛健身腳踏車前方播放影片，讓受試者覺得自己真的在穿越森林。受試者分別在這三個版本影片播放下，以穩定的速度踩健身腳踏車五分鐘，一邊踩一邊測量心跳數。受試者的心情則用「盤斯心情量表」（Profile of Mood State）評估，以「一點也不」至「非常」評比「活力」、「積極」、「憤怒」或「困惑」等詞彙，回答自己的感覺。

當播放原版影片時，受試者的表現和心情都出現明顯進步，覺得自己沒有花費太多力氣，不那麼疲憊，還可以騎得更久。黑白和紅色版本的影片則正好相反，對受試者的情緒有負面影響，紅色版本影片讓騎車的人感到憤怒。要獲得「綠色運動」的最佳效果，理想狀況當然是在大自然裡跑步或騎車。不然就試著在健身房的窗戶前運動，看向窗外的樹木；你也可以試著運動時，在前方以平板電腦播放主觀視角的自然影片。如果你喜歡騎車又常常購買各種裝備，無論如何，千萬別買有任何紅色系運動型太陽眼鏡，即使什麼顏色都沒有也行，否則反而會破壞騎車的效果，造成結束時身心俱疲。

▼日光提升有氧能力

戶外的好處不只是綠意，還有日光，目前已證實在戶外自然光下做運動，會提升有氧能力。況且以先前提過的晝夜節律來說，在自然光下運動的調整時段效果，會比在戶外但沒做運動的效果來得好（當然這還是比一直待在室內好多了）。

三名韓國運動科學家做了一項研究充分證明這一點，他們要求一群受試者以五天為一個單位，遵守不同的作息，每五天會休息一週，「重新設定生理時鐘」。這些作息分別是：

一、每天在戶外待三十分鐘，但是不運動。
二、每天在室內做三十分鐘有氧運動。
三、每天在戶外做三十分鐘有氧運動。
四、一直待在室內且不做運動。

你應該猜得到，在第四種情況中受試者的睡眠出現問題：就寢時間延後，起床時間推遲，而且感覺昏昏沉沉。兩種有戶外時間的作息中，受試者的睡眠品質都獲得改善，但是允許戶外運動的第三種作息結果最好，這一組受試者的入睡時最短，褪黑激素濃度在睡眠時（而不是醒來後）較高，而且完美地睡滿七個半小時，早上起床覺得獲得充分休息。

很可惜地，不太可能每次都能到戶外，或甚至有能看到公園的窗戶，因此只能盡可能地善用附近的健身房。但是如果可以的話，到公園運動會對你大有幫助，日光、綠意，加上運動是最棒的三位一體。

▼激勵性的明亮光線

大部分的健身房都做對了一件事：明亮。健身房幾乎總是布滿高亮度燈管，明亮的室內燈光其實是日光的最佳替代品。研究人員曾測量人們在不同燈光下的運動表現，結果發現最適點落在色溫五千K，這樣的燈光夠亮且為純白色，但是不至於刺眼。這項日本的研究計畫是，邀請一小群體能良好的人分別在三種燈光條件下踩健身腳踏車十五分鐘，中間休息二十分鐘；騎的時候一邊接受腦電圖測量，並回答自己的感覺。在較昏暗的色溫三千K燈光（約莫六十瓦燈泡亮度）下，受試者的專注力和注意力並非顛峰；在極亮的七千K藍白光下，受試者則感覺無法放鬆、較疲勞，也必須花費較長時間回復；在純白光線下，最有受到激勵的感覺。

提升運動品質的感官處方箋

- 音樂：可以的話，聽自己挑選的音樂，能夠分散注意力，並讓心情愉快。快歌能幫助你加快速度，但是記得把音量調高。如果你喜歡慢歌，請小聲地聽，選擇低音粗獷和高音清脆乾淨的音樂。

- **氣味**：開始運動前，在毛巾或身上噴點薄荷。
- **視線**：注視大自然，真實或影像皆可，你甚至可以在跑步機前面放一台平板電腦，播放主觀視角穿越大自然的影片。
- **燈光**：日光是最佳選擇，不然就是在色溫五千K的白光下運動，對生理與心理的幫助最大。
- **人**：試著和身材健美的人一起運動。找一個充滿鬥志的夥伴一同健身，或是參加學員都很認真的團體課程。
- **觸碰**：擊掌或擊拳都能讓每個人覺得自己很棒。
- **其他**：可以的話，就到戶外運動；大自然、運動，再加上日光，對你會有莫大助益。

恢復與舒緩

走下跑步機或是停止任何運動後，舒緩身體是很重要的。我們都知道要做伸展操和補充水分，但感官上的舒緩也是關鍵。運動後身體的壓力荷爾蒙皮質醇的濃度會比平常高，這對抗發炎與肌肉恢復有好處。所以，先繼續聽三分鐘的快歌，之後必須降低皮質醇濃度，否則身體停留在戰或逃求生模式的時間過長，會將造成疲勞與不必要的壓力，這時候應該放慢腳步。

▼緩慢的音樂

身體緩和後，你得切換到節奏緩慢的音樂。布魯內爾大學（Brunel University）的一項研究證實，受試者在運動後，聆聽慢板（大概每分鐘七十拍）的音樂二十到三十分鐘，皮質醇濃度會更快回復正常水準，也感覺更放鬆；如果持續聆聽快歌，皮質醇濃度和壓力都會升高。負責這項研究的教授科斯塔斯．卡拉吉奧吉斯（Costas Karageorghis）建議可以準備一份過渡歌單，慢慢從快板音樂調整到慢板，然後持續在更衣準備時舒緩情緒。

至於你應該聽哪一種音樂，則是長的曲子較好，因為不會出現太多歌曲之間的空檔；柔和的樂器會有幫助，卡拉吉奧吉斯教授推薦木管樂器和法國號。鳥鳴等自然聲也很好，在一天的開始，帶著我們回到與大自然的連結。

▼柔和光線

除了和緩的音樂外，更衣時最好也有互相呼應的燈光。前面提過的燈光色溫研究顯示，運動過後的人在色溫三千K（一般家用燈泡）的暖光下恢復得最好。最夢幻的設計是運動前後各有不同的更衣室，明亮的那間會在運動前激勵你，較暗的那間則是在運動後幫助你迅速回復。

▼尤加利香氣

繼續使用清涼薄荷的香氛，水壺和毛巾裡的薄荷是運動後的好夥伴，幫助你呼吸並降低血壓。尤加利精油則有抗發炎、舒緩疼痛的好處；根據加州科學與醫藥大學（California University of Science and Medicine）神經科學家針對芳香療法對疼痛緩解的研究指出，尤加利能明顯降低疼痛感知、血壓，還能放鬆肌肉。洗澡時帶一瓶尤加利精油加入沐浴乳，或是買一罐含有尤加利精油的沐浴乳吧！

運動後恢復的感官處方箋

- 音樂：切換到慢歌（大概每分鐘七十拍）來稀釋體內的皮質醇，但記得是在你運動結束，並花點時間緩和後。
- 燈光：在大約色溫三千K的暖光下恢復疲憊的身體，六十瓦燈泡也可以。
- 氣味：洗澡時使用尤加利精油，能打開呼吸道並放鬆肌肉。

現在你應該能神清氣爽地離開健身房，聽著慢歌，充滿朝氣地展開這一天。接下來要進入工作的多重感官之旅，不過在此之前，要先簡單介紹另一項感官。

第四章 耳裡的世界

——從咖啡研磨聲到汽車關門聲的祕密

我認為目前聽覺得到的重視遠遠不夠，雖然說是目前，但並不表示在十九世紀人們曾大為讚揚人體奧祕，並且到處立起耳朵雕像歌功頌德，沒有這回事。我的意思是，這是一個非常注重視覺的社會，於是聽覺對生活的影響經常被低估。

或許是因為生活環境充斥著各種聲音，現代社會持續不斷輸出各種聲響，耳朵早已習慣馬達聲、引擎聲、音樂、鈴聲、警報聲和噪音，也難怪我們會對這些聲音聽而不聞。如果張開耳朵，接收身邊的每一種聲音，我們會發瘋的。包括默里・謝弗（R. Murray Schafer）和尚馮絲瓦絲・阿歌亞（Jean-Françoise Augoyard）等聽力專家與哲學家，為我們身旁的聲音創造一個詞彙：「音景」（Soundscape），意思是聲音環境就像是有生命、會呼吸的有機體，每個時代應該留存屬於自己的音景。

雜音過多造成的負面影響

十九世紀，音景因為工業革命的到來產生劇烈變化。革命之前，鄉間和城市充滿噠噠馬蹄與農婦叫賣麵包的聲音。當蒸汽引擎發出野獸般的嘶吼後，世界就此不同，整體音量提高一百分貝之多；人們開始對著彼此大喊，然後說：「抱歉，我聽不見。」時至今日，我們的頭頂上永遠都有飛機掠過，車輛川流不息，生活中無時無刻被冰箱、洗衣機、洗碗機的各種操作警示聲包圍。

雖然我們不去注意，但這些聲音還是對心理狀態和行為造成很大的影響。背景雜音可以是舒服、分神或提升表現的，但是如果音景太大聲，就會麻痺其他的感官，例如背景雜音超過某種程度，我們吃出鹹味和鮮甜的能力就會急遽下降。最經典的例子就是搭乘飛機，機上餐點多半做得較鹹，好彌補人們遲鈍的味覺，如果你在家裡吃飛機餐點，一定會覺得超鹹。

在吵雜的環境裡，人們的生產力、創意與社會責任感也會下降。二〇一八年，世界衛生組織（World Health Organization, WHO）認定，噪音汙染是對健康和身心平衡的首要環境風險之一，因為高分貝噪音會激發壓力荷爾蒙分泌，於是造成人體進入戰或逃機制，影響自我控制。丹麥奧胡斯大學（Aarhus University）的提莫．漢能（Timo Hener）曾做過一項研究，結論是公共場合的噪音音量每上升一分貝，肢體攻擊事故就會增加二．六％。漢能預估，只要能降低美國和歐洲的噪音一分貝，每年就能減少一萬八千起攻擊事件。

雜音太少引發的害處

不過，雜音太少也會讓人不舒服，我們無時無刻都在聽著某些聲音，即使在家裡也有電器用品不斷發出低頻運作聲。只有在這些聲音停止時，我們才會意識到它們的存在，而且沒有什麼事會比原先並未察覺的聲音突然消失還要突兀。當冰箱或熱水器突然停止運作時，那種寂靜簡直和防空警報一樣大聲。

俗話說：「沉默是金。」但是真正的無聲其實很嚇人。「消音室」是架設在彈簧上的房間，牆壁布滿各種錄音室使用的隔音海綿，是地球上最安靜的地方，排除所有外來聲音，裡面的聲音則是扁平死板。在裡面待上幾分鐘，你就會失去空間感，而且平衡感也會出現扭曲；再待久一點，你會開始聽見體內的運作，脖子的脈膊和血液流動到耳朵的聲音顯得震耳欲聾。這個極端的例子告訴我們，其實大家習慣總是被聲音圍繞著。很多地方也刻意使用背景雜音來幫助集中注意力或放鬆，辦公室裡經常會使用能製造音譜上不同頻率的白噪音（White Noise）機器，減少分心並提高生產力；沙龍則會播放祥和音樂與鯨魚之歌幫助顧客放鬆。

使用有特定效果的聲音是一種方法，但是使用和我們有更多情感連結的聲音，其實能創造更多可能：畢竟，人是「感覺機器」，帶入自己的情感和回憶的效果會更好。想一想，當你感到放鬆安心時，身旁是哪一種聲音，或是來自過去對你來說有情感共鳴的音景是什麼，這些都能加以利用，幫助你改變心情或減少干擾。我一直都很喜歡船繩在強風中不斷拍打在船桅上的聲音，讓我想起父親的船隻曾停泊的英格蘭南部海岸，還有在碼頭邊釣螃蟹的快樂時光。直到今天，這個聲音還是能立刻安撫我，而你的鯨魚之歌則可能是鳥鳴或交通工具的聲音。與冷漠的白噪音相比，冰箱和熱水管線的運作聲或許是避免寂靜的更「溫暖」方法，因為它們代表家的氛圍，而不是辦公室。

我想起電影《熱天午夜之慾望地帶》（*Midnight in the Garden of Good and Evil*）中的約翰．庫薩克（John Cusack），他在前往薩瓦納（Savannah）小鎮時帶著一段紐約街頭交通的錄音，每天睡前播放；那是他自己的搖籃曲，只有這樣才能入睡。我本身的一個例子是，在兒子萊納斯出生前替他製作的一段音景，我研究萊納斯在子宮裡身處的感官環境。聽力是胚胎第一個發展的感官，同時還有嗅覺與味覺，而且嬰兒在孕期後四個半月間活在有聲世界，能聽見母親的聲音和周遭的水聲。為了幫助兒子入睡，我試著用他應該覺得熟悉放鬆的聲音，製作幫助睡眠的背景音樂。我錄下妻子溫和的說話聲，還有愛犬杜德利沉沉的打呼聲，因為當妻子坐在沙發時，杜德利總是喜歡趴在她的大腿上。我將這些聲音調得較低沉，然後加上自己對於在母體內聲音環境的詮釋，試著重現萊納斯聽見的世界。萊納斯出生後，每當他不願入睡，哭鬧不休時，我就會在搖籃邊播放這段音景，然後他就會馬上停止哭泣。我知道嬰兒通常會對常態噪音有反應，白噪音也能幫助嬰兒入睡，那時家中有女寶寶的友人會在搖籃旁播放電台雜訊音。但是萊納斯不接受白噪音，喜歡我錄製的音景，我確信這和他在肚子裡聽見的聲音很類似，而且在他的心裡已經與平靜、安全及溫暖等感覺產生連結，這段個人化音景是根據他感到最安心的環境創造的。

聲音如何提升質感與價值

輕敲物體表面，你就能知道這是什麼材質。你會判斷東西是堅固還是脆弱，就像當你聽到車門關閉聲時。大部分車廠都有專門負責讓車輛聽起來品質良好的部門，通常稱為NVH：噪音（Noise）、振動（Vibration）及舒適（Harshness）。如果關門時聽到低頻、飽和的重擊聲，你會將聲音轉化成汽車的完整度、安全性與結實度，即使關門聲和汽車的性能毫無關係。

質感的轉化也會影響其他感官，有一個名為「賣的是滋滋聲」（It's the Sizzle that Sells）的研究〔名稱源於一九三〇年代廣告達人埃默爾．惠勒（Elmer Wheeler）的經典名言：「別賣牛排，賣滋滋聲」〕，結果顯示，咖啡機的聲音能讓咖啡感覺更好喝。在類似一九八〇年代雀巢咖啡（Nescafé）的推銷攤位前，每當有人表示自己偏好研磨咖啡，不喜歡即溶咖啡時，研究人員會端給他們兩杯一模一樣的咖啡，只是在後面播放不同的沖泡聲。首先，研究人員會先告訴受試者：「我來幫您泡杯咖啡吧！女士。」然後，在櫃檯後面會傳出些微攪拌聲，還有液體注入廉價咖啡杯的聲音。喝完咖啡後，受試者的評價是平淡、無味又廉價。

「我再給您另一杯好嗎？」研究人員會接著這麼問，而後受試者就會聽見櫃檯後面傳來磨豆聲、蒸氣聲，還有液體穩定倒入陶瓷杯的聲音。和前面一模一樣的咖啡再次被端上來，但是這一次喝起來濃醇又充滿風味，受試者願意支付更高的價格購買。

關鍵是要留心周遭的聲音，體會聽覺的神奇之處，還有即使是從細微聲音，我們就能做出的驚人估算。人類利用聲音形成對環境的看法，並且改變行為。我們習慣聽音樂，但是想到聲音或運用聲音的次數卻遠遠不夠。

第五章 提升工作表現

——營造增加效率、專注力與說服力的環境

大多數人的大部分日子都得工作，這是生活中必要的一環。有人從中獲得無窮樂趣，也有人覺得沉悶無聊，不管是哪一種，其實工作環境可以大幅改善，我指的是感官層面。

一整天裡，你在某些時間點會較容易集中注意力做某種事。我們本來就在一天中不同時段擅長不同類型的思考，這再次是因為神奇的晝夜節律。總體來說，研究顯示，我們在早上八點到下午兩點更有能力處理需要注意力和要求細節的任務，十一點達到顛峰狀態，早上也是最適合爭取其他人「點頭同意」的時段。之後的時間則改換創造力登場，正如後續會提到的，些許天馬行空和分神是好事。下午上半場最適合開會、進行腦力激盪及「發想」，下午三點則是與同事小聚的完美時刻。

了解人們在不同時間的起伏變化，接下來在開立感官處方箋前，先來看看你該在什麼時間做什麼事。有時候準備工

作可能會涵蓋所有的五感，有些時候或許單單一項感官提升就能帶來幫助。

當然，很少人對自己的工作地點或會議室環境握有絕對控制權，但你或許是有選擇自由的非定點工作者，不管是共享辦公室、咖啡廳或自家廚房，都能挑選最適合的地點工作。無論在哪裡工作、做什麼工作，即使只採用以下感官處方箋的一小部分內容，還是會有很大的幫助。

辦公空間的布局

假設現在是上午九點，你正準備開始工作。既然你已經對多重感官世界有一些了解，工作環境的基本考量是什麼？或許你的辦公室採取座位輪用制，你有幾個座位可以挑選？你可能打算在廚房中島上工作，或是在街上物色適合的咖啡館。進入各種工作的個別感官處方箋前，先看看關於工作地點和環境的幾個基本考量。

▼打起精神的自然光

二〇一五年，「人類空間調查」（Human Spaces Survey）詢問來自十六國，七千六百名辦公室職員對自己工作環境的感覺，有四七％的受訪者回答是在完全沒有自然光的環境下工作。本書不斷提到，無論做哪一種工作，接觸自然光對人們有很大的幫助。人造光當然有用，但最理想的情況是用以彌補自然光的不足，而不該是唯一的光源。自然光能讓我們打起精神，覺得更有活力。工作時如果能長時間接觸自然光，會幫助身體調整生理時鐘，也可能帶來一夜好眠及狀態更好的第二天。所以如果可能，找一個窗邊的好位子會讓你感覺更棒。

▼植物和綠意

另一個經常出現的主題就是植物和綠意，有安撫與紓壓的效果。舉例來說，某家賓州醫院曾在一九七〇年代和一九八〇年代間進行研究，發現動完手術後的病人如果被安排在能看見公園的房間，會比只能看見牆壁的病人更快康復，需要的藥物更少，出院的時間也更早。在人類空間調查中，五八％的員工表示工作場所完全沒有綠景或植物。

有植物在身邊已被證實能幫助我們維持更久的注意力。挪威研究人員請一群學生在一間放置盆栽的房間內做心算測驗，另一群學生則在沒放東西的房間內進行同一測驗。盆栽組的測驗成績較好，而且學生的心理恢復能力也提升了。植物不但能修復人們的生理疲勞，也對心理疲憊有所幫助，這是因為人類與生俱來的親生命性（Biophilia），也就是我們對自然有所感應。在桌上放一、兩盆植物或是坐在植物附近，能改善你的身心狀態，也會讓你做得更好、更久。

▼最佳溫度是二十一・六度

走入可能的工作空間裡，然後看看皮膚有什麼感覺。覺得有點熱？如果你打算待一段滿長的時間，溫暖的環境或許不錯。覺得空氣冰冷？其實這可能會保持我們的靈敏度。某個團隊研究不同氣溫對辦公室職員生產力和精神力的影響，發現工作時的最佳溫度是攝氏二十一・六度，低於這個溫度，大家會因為不舒服而無法集中注意力。另外，每高出最佳溫度攝氏一度，工作表現就會下滑一%到二%。除非隨身帶著溫度計，否則我們很難判斷溫度是否合宜，但是你可以留意五感，如果覺得不太對勁，盡可能改變環境或是到其他地方。考慮工作地點時，記得納入溫度，越熱的地方就越難維持長久的注意力。

▼天花板高度

挑選合適的工作地點時，最好也觀察一下天花板的高度。這個提議似乎有點奇怪，但是其實有道理。人們的心理狀態受到周圍空間影響的程度，遠比我們以為的還大，而天花板高度就是心理學家提出會影響人類行為的建築條件之一。低天花板或許會讓人感覺溫暖舒適，但是也會帶來限制感；高天花板或許會讓人感覺冷漠疏離，卻也更加自由。根據一些研究指出，家裡天花板較高的人會比天花板較低的人來得有活力也更健康。另外，兒童在低天花板的空間玩耍會較為安靜嚴肅，如果天花板高度超過八英尺（約二．四四公尺），小孩會玩得更吵鬧，也更有想像力。換到大人身上，天花板高度對我們思考和行為的影響也一樣；低天花板適合需要專注、精確的工作，高天花板則有助於開放性思考與想像力。

▼桌面物品的「物質觸發」

工作時眼前看見的東西能幫助激發不同的思維，所以要帶些什麼放在桌上呢？有一種心理作用稱為「物質觸發」（Material Priming），基本概念是我們會根據東西的用途、代表意義和自身的經驗來賦予意義，而這個意義會影響我們的行為與如何處理資訊，有點像前面說過的衣著認知。在一項研究中，研究人員讓一群大學生先看一張槍枝的照片，接著提出幾種假設性社交狀況，請他們回答會怎麼處理。比方說，有人汙辱朋友的話，他們會怎麼做？與沒有被照片「物質觸發」的學生相比，先看過槍枝照片的學生回答充滿攻擊性，即使只是一張槍枝的照片。

史丹佛大學（Stanford University）有一項研究證實，人在看到代表商業生意的物品，如鋼筆、公事包或會議桌後，舉止會更具競爭力，合作意願降低，並且顯得更自私自利。實驗受試者在進行測試前看到的照片，有些與商業有關，也有些是隨機的，沒有什麼意涵的照片，像是鯨魚或牙刷。其中一項測試是填入字母，正確答案不只一個，例如「__ar」，答案可以是「bar」（酒吧）、「far」（遙遠）、「car」（汽車）或「war」（戰爭）。其中一個很妙的題目是c__p____tive，可以回答「cooperative」（合作），也可以回答「competitive」（競爭）。心理學上的解讀是，你選擇的單字暗示目前大腦在想什麼，還有內心的感受。你也可以試試這個有趣的測驗，看看自己其實是冷血執行長或合作的創意人才。在這項研究中，看過商業相關物品的學生一致選擇較具侵略性的單字。

我們可以好好利用「物質觸發」的效果，不管從事哪一種工作，隨身攜帶一些能幫助你進入正確心境的物品。如果你需要狠下心、在商言商，就用鋼筆和真皮活頁筆記本當作記事本；如果想要有較和善的想法，就用鉛筆與紙面筆記本。你可以以此類推，魔術方塊可能會幫助你解決問題、計算機能讓你更精細準確，也可以用個人物品，提醒自己某個時光、地點或情緒。只要對你有清楚的意義，這件物品就能觸發你的思考與行為和那個意義漸趨一致。

▼來一點變化

變化是人生的調味料，我們都該思考如何在生活中加入一點感官變化。根據二〇〇六年一篇分析優質辦公空間設計好處的論文指出，改變感官環境能保持心智活躍；或許是一天中光線的些微變化、持續變化的遠景，或是不時飄來的各種香氛。這就是咖啡館是工作地點好選擇的原因之一，裡面有著各種活動的微量聲響，還有一陣陣飄散而來的咖啡及烘焙香。

完美的感官變化必須是溫和的，環境劇烈改變或突如其來的高分貝聲音反而會讓人無法專心。但感官變化也必須是可察覺的，長時間待在缺乏感官因子的環境，人們會喪失專注力和創造力。一九六八年，行為心理學者羅伯特·庫柏（Robert Cooper）在文章中寫道：「缺乏感官刺激的環境會導致麻木與被動。」

想要在生活裡來一點感官變化，你可以三不五時更換座位，變換一下桌上物品，並坐在窗邊，享受日光的好處和一天中光線的自然變化。除了咖啡或茶以外，品嘗一點其他的東西，在工作時給自己一點味覺和嗅覺的多樣性，也許你可以每週泡一輪不同的花草茶。在身邊放一些觸碰後會很有感覺的物品，就算只是一顆壓力球也能帶來一些感官上的享受。

如果你一整天的工作內容不盡相同，或許不難有感官上的變化，但是很多時候我們都被困在同一類工作中，這時候就要記得調劑一下生活。如此一來，無論工作多麼重複，你的心情和表現都會更好。

發揮工作效率的環境

每天開始工作的頭幾個小時是效率最好的時候，這時候應該盡量完成有很多細節要注意，或是較沉悶枯燥的工作。關於人在一天中各個時段工作表現的研究已經顯示，邏輯推理、速度、正確度和短期記憶等能力，從早上八點就會開始穩定下滑，任何需要清晰思考並記住很多細節的事，顯然不該在下午兩點以後進行。一九七五年，實驗心理學家賽門・佛卡

（Simon Folkard）承接一九六〇年代早期的一些研究，在這方面有了重大發現。佛卡請一群學生從早上八點開始，每三小時做不同的測驗，直到晚上十一點為止，藉此觀察人們一整天下來能力是否下降。直到下午兩點前，學生完成測驗的時間逐漸加快，但是兩點之後就開始大幅減慢。不過答對的題數，也就是正確度，從早上八點就一路下滑。在每場測驗中也會量測受試者的體溫，這和我們的生理時鐘與晝夜節律有關。人體的體溫會在一天內逐漸升高，當受試者的體溫持續上升，短期記憶和邏輯推理的分數也會越差。顯然我們適合在一天的開始，先完成沉悶、重複、需要注意力與準確度的工作。

所以，第一個處方箋的重點就是激發這樣的狀態；進一步提升生產力與專注力，讓自己能準確完成繁複的工作。即使不是早晨黃金時段，只要你需要處理大量細節和集中精神，也可以用這個處方箋創造能提升專注力的環境。

▼置身於紅色之中

通常我們無法決定辦公地點牆壁的顏色，但是如果你可以自行選擇工作地點，就找一個有紅色牆壁的地方吧！紅色有激勵作用，能提高人的警覺性，加快心跳。數名溫哥華科學家曾研究人們對紅色的反應，會如何影響執行對準確度有一定要求的工作。他們請受試者在電腦上完成各種測驗；電腦螢幕顏色會改變，螢幕顏色會投射到牆壁上。當受試者沐浴在紅光時，表現出更好的注意力，認知能力測驗的成績也較高；相反地，當螢幕轉成藍色時，他們的抽象理解和創造力則有了進步（之後會再詳談）。

白色螢幕時，大家打錯字的次數比紅色螢幕來得高，這種情況頗值得玩味，因為大部分的辦公室都是白色。紅色是最能激勵人的顏色，但是其他明亮溫暖的顏色也有類似效果，像是橘色或明亮黃，你甚至只需要在牆上放一些亮色的藝術品或照片就能達到。雖然我這麼說聽起來很像來自加州的瑜伽大師，但是你需要創造充滿正能量的環境，不過我是從神經學和心理學的角度出發，而且只要你點到為止。

你不用在身邊塞滿紅色或亮色，大部分的人應該都很難這麼做，但就像研究裡只是使用紅色的電腦螢幕，想辦法讓視線裡出現紅色就行了。你可以在需要注意力和準確度時，把紅色筆記本放在面前，只要你看得到，就會有效果。

▼明亮的光線

和明亮的顏色一樣，我們在明亮的光線下會更準確也更有生產力。早上是接受光線洗禮的好時機：打開每一盞燈，然後坐在窗邊，讓日光灑落在身上。關於這個主題曾進行一項擲地有聲的研究，就在充滿沉悶作業環境和繁瑣文書作業工作的英國吉爾福德（Guildford）。研究人員將某棟辦公大樓裡的兩個樓層，每四週轉換成不同的光線環境，當燈光設定在色溫一萬七千K的「藍白光」時，辦公室員工的工作表現、專心程度、警覺性及心情都有改善，晚上也睡得更好，第二天精神充沛，覺得自己更「充滿鬥志」。

▼肉桂味

在感官世界裡，一致性永遠是關鍵，接下來會慢慢了解這是什麼意思。首先，有些味道和明亮的顏色一樣具有激勵效果。多份針對工作注意力或是維持消費者在賣場內注意力的研究報告都提及，像是薄荷、柑橘和肉桂等強烈清新的香味都有極佳效果。一家日本公司在辦公室飄散柑橘香味後，員工的打字速度與正確度提升五〇%。在西維吉尼亞州惠靈耶穌大學（Wheeling University）的一項研究中，不僅讓房間內飄散香氣，還讓受試者嚼食加味口香糖。

當大家嚼食肉桂口香糖時，解決問題的能力和短期記憶都有所進步。

進一步來看顏色與香味之間的關係，我們發現在振奮心情和工作表現上，兩者都有優加性的累加效果。提高準確度與生產力，最有效的組合是能振奮人們的紅色房間，加上能振奮人們的氣味，肉桂是其中首選。

我們已知肉桂有很多正面療效，而且它在多重感官聯覺世界裡也與紅色相關。拿出香料櫃裡的肉桂聞一聞，你覺得聞起來像什麼顏色？希望你的答案是介於紅色和其他暖色系之間。當然，肉桂粉本身就是帶紅的棕色。對很多人來說，肉桂也會讓人聯想到聖誕節，於是與聖誕色系有了關聯，而且肉桂又暖又甜的香氣和味道，直覺上偏向紅色系。

西維吉尼亞州口香糖實驗的最棒地方是，說明我們不需要帶一大瓶肉桂精油去工作，逼迫其他同事一起接受自己的感官處方箋，只要來一杯肉桂花草茶、聞聞肉桂香，或是來一塊肉桂麵包就行了。

▼令你開心、帶點喧鬧聲的音樂

工作時搭配音樂，一直是備受討論的主題。就在二〇一九年，一項實驗邀請兩百多名受試者，嘗試解開一些困難的創意挑戰問題，同時一邊聆聽演奏曲、有歌詞的曲子和外國歌曲。結果發現，無論哪種音樂都一樣；各種交談和行為的喧鬧聲效果反而最好。所以需要專心注意的早晨，忙碌咖啡店中不間斷的談話與動作正是完美背景。

明尼蘇達州有一項研究發現，高中學生的閱讀和理解能力在聆聽排行榜音樂時最糟糕，主因源於簡單又琅琅上口的歌詞——完全證明泰勒絲（Taylor Swift）式流行歌曲對大腦沒有好處。演奏曲方面，大家最常提到的就是沃夫岡．阿瑪迪斯．莫札特（Wolfgang Amadeus Mozart），認為他的音樂有強化大腦功能的神奇力量。一九九三年，法蘭西斯．羅契爾（Frances Rauscher）、高登．蕭歐（Gordon Shaw）及凱薩琳．凱（Catherine Ky）這三位科學家新創一個日後造成轟動的詞彙：「莫札特效應」（The Mozart Effect）。原本他們的實驗只證明莫札特的音樂會加強大腦空間推理的能力，之後這項研究被濫用成泛指所有的古典音樂都能讓你變得更聰明，尤其是如果從小就開始。

聆聽喜歡又熟悉的歌曲時，通常心情都會變好，這其實對許多形式的工作表現都有幫助，特別是在手邊的任務很單調時更是如此。如果聽的是不熟悉的音樂，你會在音樂上投入太多注意力。一群瑞典科學家找來二十四名學生，讓他們在不同聲音和音樂條件下專心閱讀：有咖啡館的喧鬧聲、學生自己喜歡的音樂，還有不喜歡的音樂。他們的專注力在聽討厭的音樂時是最差的，注意力最佳則是在聽喜歡的音樂或咖啡館的喧鬧聲時。

提高早上生產力的音樂，應該搭配其他的感官元素，而振奮人的香味、光線和顏色，通常也會與振奮人的音樂合拍。所以最理想的音樂應該是你熟悉的輕快曲子、恰到好處的交談動作聲，或是兩者混合。

▼端正的坐姿

椅子會影響我們的行為和思考。比起坐在沙發上，坐在硬椅子上的思考會少了一點彈性，但是邏輯性較好，想得更直接，也展現較多自信。俄亥俄州立大學（Ohio State University）心理學教授理察·帕帝（Richard Petty）證明，坐姿筆直時會對自己的工作更有信心，低頭垂肩時則會產生較多懷疑。帕帝讓一群學生相信自己在應徵一份工作，然後請他們在填寫工作能力時維持幾種不同的坐姿。學生們坐得筆直時表現出色，很有自信地寫下自己的能力；但是當整個人懶洋洋地靠在桌邊時，就變得沒有什麼信心，並且低估自己。

▼其他事物：方格紙、原子筆或實驗袍？

基礎感官環境已經完成了，其中相輔相成的各個感官元素，讓你更快速、更準確，也更敏銳，但是還有一些地方能更上一層樓。首先，檢視一下物質觸發。哪種物品能幫助手邊的工作類型？想要更有商業頭腦和準確度，到底是要計算機還是真皮活頁筆記本？或許是學生用繪圖套尺。你應該為不同類型的任務準備不同的筆記本；今天早上的工作應該用方格紙或至少有格線的紙張，別用白紙，因為方格結構能幫助你集中注意力，並且更精準地思考。原子筆或墨水筆隱含的意義是最佳選擇；鉛筆代表創意性，鋼筆則容易出現墨漬，和我們想要的精準度背道而馳。

在第一章裡，亞當和格林斯基的衣著認知實驗證明，穿上實驗袍的人在數學與問題解決能力有所進步。你可能不想在辦公室或咖啡館穿著實驗袍，但是在家裡沒人看時一定可以吧？衣著認知和物質觸發的關鍵在於，一旦你賦予物品某個意義，心緒與行為就會受到引導。為了節省時間，你可以放一些對自己已經有意義的物品在桌上，或是和同一物品建立新的連結。不管是感官處方箋裡的哪項元素，用得越多就會越強化其中的感官記憶、情感及連結。

提升效率、專注力及生產力的感官處方箋

- **顏色**：亮紅色。選一個紅色房間，或是至少帶一本亮紅色筆記本。
- **燈光**：明亮，藍白光、自然光。
- **香氣和味道**：肉桂。噴一點肉桂香氛或是使用小精油台。此外，也可以喝一杯肉桂茶、嚼食肉桂口香糖，或吃一塊肉桂麵包。
- **音樂和聲響**：自己喜歡的輕快又活潑音樂，最好沒有歌詞，或是持續的喧鬧聲。
- **家具**：堅固又筆直的桌椅。
- **其他**：與生產力相關的物品，像是計算機和尺；用原子筆或墨水筆；穿上實驗袍或是戴著和組織性思考有關的東西，例如手錶或眼鏡。

推銷你和你的想法

早晨是一天中最適合發表工作成果或推銷自己的時候，一般來說，我們在前半天的心情較為正面，所以很適合去爭取其他人的許可同意。史考特．戈德（Scott Golder）和麥可．梅西（Michael Macy）這兩位研究人員，分析世界各地約五億零八百萬則推特（Twitter）推文，針對正面與負面字眼出現的頻率來研究大家的情緒狀態，結果發現上午和週末的正面推文較多。

隨著一天的行程，我們都會落入「決策疲勞」，而後果可能足以影響人生。一群美國史丹佛大學和位於以色列內蓋夫（Negev）的本古里安大學（Ben-Gurion University）商學院教授檢視一千多件法院審理案，發現上午時段出現在法官面前的囚犯，獲得假釋的機率高出七〇%。有兩個人犯下相同的罪行，刑期也一樣，只是見到法官的時間不同（上午八點五十分和下午四點二十五分），最後上午見面的那位犯人獲得假釋，下午那位犯人卻沒有。如果哪天被捲入法律糾紛，務必請律師幫忙爭取在上午開庭。

最早提出心理疲勞概念的是心理學家羅伊．鮑梅斯特（Roy Baumeister），他進行一系列實驗證明，人們不能無止盡地做以決策為基礎的事，像是自我控制。他所說的「自我耗損」

（Ego Depletion）是指意志力會耗盡，就像運動久了，肌肉會疲勞一樣。幾年後，正在籌備婚禮的珍・特溫格（Jean Twenge）教授受到自己需要做出的各項大小決定啟發，於是進行類似實驗，想看看不斷做選擇是否會讓人們心力交瘁。結果真是如此，「決策疲勞」（Decision Fatigue）概念就此誕生。一旦出現決策疲勞，人們變得心力枯竭，也不想再評估任何選項，於是會直奔最簡單的答案。如果這時候有任何新想法或複雜的主意來到面前，「不」會是最省力的答案。

上午在決策疲勞到來前，是介紹創意，推銷產品、服務或自己的最佳時間。接下來要介紹能讓你更具說服力的祕訣，還有讓對方點頭說好的感官處方箋。

▼重低音音樂讓陳述更有力

我們都聽過野心勃勃的人會在董事會大戰前，朝著廁所鏡子對自己大吼大叫。如果這麼做太誇張，你覺得改成聽音樂如何？研究證實，在推銷你的想法前聆聽重低音音樂，會讓陳述更有力，印象更鮮明。在某項研究裡，大學辯論隊隊員在踏上講台前，各被指定先聆聽不同的音樂，然後再上台辯論事先選好的理性題目。有些隊員聽古典樂、有些聽鼓打貝斯

（Drum and Bass, D&B），還有一些則保持安靜。幾乎在每一場辯論中，先聽過鼓打貝斯的隊員在台上的論述都最具說服力。

▼放低聲音更顯氣勢

聲音是自信度的重要指標，根據某項同步測量人類大腦反應的研究結論指出，我們會在聽到對方說話的〇．二秒內判斷這個人多有信心。我們較願意相信聲音低沉的人，無論男性或女性；低沉的聲音表達出力量和強度，不管在哪方面。動物會低聲嘶吼，顯得更有氣勢。低沉的聲調傳遞更大的體積與重量，這兩個特質也代表力量和強度。你也應該試著以更快的速度說話，拖拖拉拉、慢條斯理並沒有好處，一陣陣飛快的話語會散發自信的氣息。

▼高挺的站姿

姿勢會影響你的感覺與信心。和「體現認知」（Embodied Cognition）領域相關的許多研究都顯示，某些站姿，甚至是臉部表情，都會影響你的感受與行為。一九八八年，某研究團體證實，當我們刻意擠出笑容時，馬上會覺得事情變得更有趣；把頭抬高，瞬間出現自豪的感覺。就像之前說過的，某項研究請受試者端正坐姿或彎腰駝背，結果前者更有自信，而後者則不太確定自己的能力。藉著擺出力量姿勢，我們會感覺更有自信、力量且更具優勢。

如果你打算盡情大擺猩猩姿勢，最好像其他人一樣躲在廁所裡，別當著客戶、員工或法官的面前這麼做。而且就像說話的語氣和節奏一樣，體現認知對電話溝通也有效，所以別忘了挺胸坐好，面帶微笑，電話另一頭的人一定能感覺到。

▼黑色帶來自信

在早上著裝的章節曾提過，黑色是大家認為最有自信的顏色，再來是紅色（雖然紅色也有傲慢的感覺）。如果還沒整理儀容，或許可以穿上黑色衣服，或是戴上能增加自信的配件。前面也說過，在上衣裡面穿著超人T恤也能讓你多一點優勢。

當你感覺自信又充滿力量，準備出發時，目標是抱持正面心情：冷靜、放鬆、知足，然後可能多一點興奮。你要的是鼓勵對方出現心理學家所說的「趨近行為」（Approach Behaviour），也就是對新事物和新主張保持開放態度。如果你要分享的是財務數字，或許關係不大，但如果推銷的是創意概念或新產品，就會變得重要無比。

從感官處方箋的角度來看，保持正面、冷靜和「開放」其實是同一脈絡，雖然根據你想爭取同意的內容，還是會有些許不同的細微選擇。

▼綠色擁有「促進效應」

要讓其他人掏出錢，冷色系顏色的效果最好。一九九二年，亞歷桑納州立大學的喬瑟夫・貝里茲（Joseph Bellizzi）與堪薩斯州立大學（Kansas State University）的羅伯特・海特（Robert Hite），設計紅色和藍色兩種購物環境，結果發現藍色商店的顧客瀏覽較多商品，做決定更快，整體也購買更多東西。

但藍色不是唯一的冷色系顏色，想要具有說服力時，綠色是最佳選擇。已知綠色有很多心理上的助益，有植物的商場營業額增加、顧客瀏覽商品以及和員工交談的時間都變長。一份針對辦公環境顏色的大型研究顯示，受試者嘗試不同顏色的辦公環境後，有六百七十五人偏好綠色辦公室。雖然紅色辦公室能提升員工的準確度和速度，但人們還是最喜歡綠色的房間。

一項針對顏色和情緒的調查指出，九五・九％的人認為綠色是最正面的顏色。顏色治療師和心理學家也表示，綠色會鼓勵大方與真誠。一九六四年的一份研究顯示，綠色在人們針對假設性情況做決定時有「促進效應」（Facilitating Effect）。就詞意來說，綠色意指前進，是一種歡迎而不是警告。在心理學上，綠色的光有安撫、修復及提神的效果，正好是對抗決策疲勞的最佳顏色。

然而，請務必注意，綠色和其他顏色一樣有負面意涵。偏黃的綠色會讓人聯想到疾病與反胃，所以記得使用純粹飽和的綠色。另外，雖然我們常說「綠燈行」，但是我不建議你使用綠色燈光，因為它反而會讓東西看起來不美觀。如果無法把房間漆成綠色，可以放點盆栽、用綠色托盤盛放飲料、用綠色資料夾放置文件，或是直接用綠色紙張列印文件。針對選舉投票的研究曾發現，人們較容易投票給職位印在綠色選票上的候選人。

重要發表或推銷時，在簡報投影片裡穿插一點綠色。如果會議不那麼正式，可以選擇在附近充滿綠意的地點召開，並使用綠色筆記本，記得擺放在桌上顯眼的地方，務必讓視線範圍內出現這個正向安神的顏色，再搭配上同樣正能量的香氛。

▼乾淨的柑橘香帶來開放心態

前面提過噴香水能改變肢體語言，讓你看起來更有自信。但是除了影響自己的行為外，香味也能幫忙爭取其他人的好感。

有兩種使用香氛的方法。第一種方法是順著感官處方箋走。積極正面是明亮又鮮活的情緒，柑橘香氣也是如此，因此能正向帶動我們在推銷時期望的行為。柑橘香不只令人有活力，也有安定心神的作用：柑橘類水果的表皮裡有檸檬烯這種成分，已被證實能放慢心跳，減少壓力和焦慮。

柑橘香氣能鼓勵先前提及的「趨近行為」，讓人對新事物抱持開放和好奇的態度。曾有研究人員在商店裡輪流裝上薰衣草或葡萄柚味道的香氛機，然後隨機追蹤三十名顧客的行為。當店內飄散葡萄柚香氣時，顧客看了更多項商品，也做出更多衝動性購買的決定；在他們離開商店時，詢問感覺如何，都表示心情更好。

聞起來「乾淨」的房間對人們的善心會有非常有趣的影響，像是某種道德上的洗滌。多倫多的一個研究團體找來九十九名學生，給予每人一個放置不同任務的資料夾，然後請他們分別在沒有特殊氣味的房間和用柑橘味芳香劑噴灑過的房間內完成任務。資料夾裡放著仁人家園（Habitat for Humanity）的傳單，這個慈善機構正在招募志工與募款。噴過柑橘味芳香劑的房間裡有二二%的人同意捐款，沒有氣味的房間則只有六%的人同意。

所以柑橘類是正解，而萊姆則是終極選擇；萊姆能連結到綠色，在香氣和顏色的交互作用下讓綠色更綠、萊姆香更萊姆。柑橘味道不但正向、明朗，還能安神；聞到的人會對新想法躍躍欲試，也更容易掏出錢。不管是會議室或咖啡館，添加萊姆味道的方法很簡單，可以在水杯裡放一點萊姆、噴一點香氛，或是開會前用萊姆味清潔劑擦拭桌面。

第二種方法是，使用和你推銷的服務或產品相互呼應的香氣。針對商店使用香氛的研究顯示，如果香氣與產品類別吻合（像是超市裡的烘焙香），銷售量就會成長。「以體驗為基礎」的香氣有點像是說故事的裝置，讓人更沉浸在你的描述裡。想想向其他人展示度假照片和親身度假之間的不同，海灘照或許看起來很美，但是和度假體驗相比就單調許多。如果聽的人可以聞到防曬乳的味道、聽到海浪聲，就能想像自己在現場的感受。如果你正在推銷這套度假行程，能挑動客戶的五感會是多麼有吸引力啊？正如前言裡達馬吉歐教授所說：「我們是會思考的感覺機器。」啟動最情緒化的感官——嗅覺，你就能把理性決策扭轉成感性決策。

如果你的服務、概念或產品有很明顯的附屬氣味，就應該好好利用。如果你賣的是金融商品，可能會覺得有些強人所難，但是可以平行思考相同的性質。金融產品重視什麼情感？也許是信任。信任是什麼味道？如果你是英國人，可能就是茶或烘焙等與溫暖相連的事物。

總是會有你可以用香氣挑動的情感；找出你需要的那一個，絕對大有幫助。

▼高質感的聲音強化你的能力

談到推銷簡報的聲音，一個顯而易見的道理是要讓其他人只聽見你的聲音，所以不適合播放任何背景音樂。但另一個重點是，聽眾聽見的聲音**質感**。我們對事物的感受或多或少都受到聲音左右，在談論聽覺的章節裡曾說過，厚實的關門聲會讓我們相信車輛做工良好，明亮有回音的房間會比柔軟靜音的房間來得冰冷。就像先前解釋的，低沉的說話聲會帶給人更有能力的感覺。

我曾替位於倫敦梅費爾區（Mayfair）伯克利廣場（Berkeley Square）的賓利汽車（Bentley）旗艦店進行感官評鑑。那是一處巨大鋪滿磁磚的空間，天花板雙重挑高，展示的每輛車款單價至少二十萬英鎊以上，陳列有如藝術品。賓利汽車想帶給顧客的感受是頂級品質、高超工藝、非凡的機械工程和身分地位，但是銷售結果卻不如預期。

我提出的其中一點建議是展示間的聲音。音樂是從夾層間的小小電晶體收音機傳出，播放內容則是英國國家廣播公司第二電台（BBC Radio 2）。蚊蚋似的流行樂迴盪在整個磁磚空間，感覺像是在用手機聽音樂，而且還是在浴室裡。這種聲音、力量與品質完全扯不上邊。賓利汽車應該讓音樂清晰無比，音質飽滿豐富，還要有能反映汽車品質的低音，讓消費者心生嚮往。

同理，如果在開電話會議時，對方的聲音聽起來遙遠、充滿回音又很小聲，你應該很難對他的能力充滿信心；如果對方的聲音清晰飽滿又渾厚，結果就會恰好相反。所以你做簡報的房間不該充滿回音又冰冷，要把聲音納入考量，選擇合適的空間。除了音效外，花點時間聽一聽，是否有惱人的空調運作聲？有嗡嗡作響的喇叭嗎？外面有沒有工程施作？這些都可能會破壞潛在客戶的好心情。我們的目標是在沒有干擾的情況下，傳遞柔和溫暖的聲音，讓你被清楚聽見。

▼生理溫暖會帶來心理溫暖

「溫暖的性格」、「冰冷的態度」，誠如在起床章節談論香氛時，影響我們對他人觀感最深的字眼便是「溫暖」和「冰冷」，這份感受可以經由任何一項感官而來，但最深刻的或許是觸覺。二〇〇八年，耶魯大學（Yale University）觸覺研究權威約翰・巴奇（John

Bargh）和科羅拉多大學波德分校（University of Colorado Boulder）行銷副教授勞倫斯・威廉斯（Lawrence Williams）聯手進行一項研究，發現生理上的溫暖會直接轉化為心裡的溫暖感受。

實驗安排在受試者走進房間時，門邊會有人請他們先幫忙拿一杯飲料，讓這個人得以彎腰綁鞋帶。有一半的人拿到的是熱咖啡，另一半則是冰咖啡。之後詢問受試者：「你覺得剛剛在門外遇到的那個人如何？」大家的回答不是那個人很溫暖，就是很冰冷，而且和他們拿到的飲料溫度相互呼應。受試者甚至在描述中使用溫度形容詞，像是「他很冰冷又疏遠」，或「他是一個溫暖的好人」。

讓對方留下溫暖印象對自己大有好處，所以和人握手前記得溫熱一下手掌，還有像在實驗中一樣，帶杯熱飲給對方。如果你要請他們看些東西，記得要有溫暖的手感，像是用皮質檔案夾而不是塑膠檔案夾。如果你讓對方感受到溫暖，他們就會覺得你更親切。

▼柔軟觸感和結實的重量

除了溫暖以外，還有其他「觸覺」特質會帶動我們的情感。飲料實驗中的巴奇和另一位觸覺專家約書亞．艾克曼（Joshua Ackerman）曾共同研究，人們在觸摸到不同質地與重量的物品時，會如何改變觀點。他們找了四十八個人，發給每人一個寫字板，有的輕、有的重，然後請他們完成寫字板上關於政府應該分配多少款項給各種社會服務的意見調查。拿到沉重寫字板的人願意分配的金額較高，特別是男性，因為舉著的重量會轉化為英勇的感覺，讓他們更願意撒錢。同樣地，如果面試時用沉重的寫字板遞上履歷表，面試官會覺得應徵者更有能力也更適合這份工作。

研究人員也測試不同的椅子材質，他們請九十八位受試者分別坐在軟墊或硬木椅子上，然後進行購買二手車的議價談判。坐在硬木椅子上的人較不願意改變或提高出價，而坐在軟墊椅子上的人被要求再次出價時，都提出較高的價格。

所以不管拿給對方的是什麼物品，最好是沉重卻又有柔軟溫暖的觸感，可以是你用來列印的紙張或放報告的資料夾。如果剛好有柔軟的椅子，拿給客人坐，他們會對你更大方，並且務必確認客人是坐著，而不是站著。感官行銷專家盧卡．奇恩（Luca Cian）曾請學生分別以坐姿或站姿回答一連串誘惑性問題，像是「作業還沒寫完前，你會溜出門聽演唱會嗎？」站著回答的學生都有不錯的自制力，但是坐下來的學生都打算穿上樂團T恤，拿著門票，翻窗而出。

尖銳的形狀形塑積極感

感官處方箋的最後一個是形狀。如果順著香氛（鮮亮清新的萊姆）的多重感官脈絡推想，尖角形是最合理的搭配。運動章節曾解釋，稜角讓人感到活力積極。品牌大師瑪姬・瑪克納布（Maggie Macnab）將三角形視為志向和激勵的象徵，她提過以山頂隱喻激勵。

形狀元素可以來自視覺，像是簡報投影片上的標誌，也可以來自觸覺，聽者手中握著有稜角的物品，會覺得講者更犀利有力，和手拿重物會轉化成有能力與品質的感覺是一樣的道理。有稜角的玻璃杯也會讓水裡的萊姆味喝起來更清新有勁，客戶會想著：「天啊！這水真棒。」然後對你準備的點心讚嘆不已。

推銷時記得訴諸五感

如果有機會的話，在你推銷時明白討論感官，能捉住聽眾的五感，讓體驗更加深刻。使用並專注在感官上，是很多治療與正念練習幫助人們進入當下的辦法，但是許多研究也顯示，當別人請我們**想像**去觸摸、品嘗或嗅聞某個物品時，我們大腦啟動的區域和實際做這些事的區域一樣。

當我們在商店裡拿起一件商品時，其實就開始陷入所謂「稟賦效應」（Endowment Effect），也就是覺得自己已經擁有這樣東西，然後很難放棄購買。有一項研究發現，即使你只是想像觸摸某樣東西，也會出現稟賦效應。另一個研究則顯示，當人們看到巧克力餅乾的照片，並且想像聞到餅乾味道，嘴裡就會開始分泌唾液。所以無論你要推銷什麼，別忘了訴諸感官，請大家想像某種味道、聲音，甚至某件事的感覺或情緒，聽眾會更專心投入。

推銷自己（或工作成果）的感官處方箋

你的部分：

- 開會或打電話前，聽點重低音的音樂。
- 以低音和較快的節奏說話。
- 端正姿勢，面帶微笑，就算是講電話也一樣。
- 身穿黑色，看起來更有自信也更聰明。

聽眾的部分：

- **顏色**：綠色，但不能是偏黃的綠色，想想草綠或英國賽車綠（British Racing Green）。在桌上放綠色筆記本或使用綠色背景 PowerPoint 投影片，挑選一個充滿綠意的場所，或是在室內放一些盆栽。
- **香氣和味道**：萊姆或其他「純淨」的柑橘類。在冰水中加點萊姆，用萊姆味香氛或清潔劑，激發大家的慈善大方；或是氣味推銷，使用和銷售產品相互呼應的氣味，讓你的發表更具體，也更富有情感。
- **聲音**：輕緩、低沉且柔和。避免有些微回音或雜音的房間，像是空調運轉聲或施工聲等。
- **溫度**：溫暖。保持手掌溫暖，使用溫暖的材質，避免使用塑膠或其他合成製品，讓人感覺冰冷。
- **觸感**：柔軟與沉重。給客人有分量的資料夾和紙張，並提供有軟墊的椅子。
- **形狀**：尖角。用有稜角的玻璃杯裝萊姆水；盡量在簡報中使用有尖角的形狀，看起來會更活潑、積極有力。

- **語言**：訴諸五感。請大家用想像力去觸碰、嗅聞和聆聽。任何相關事物都可以，即使不相關，也可以用挑動的語言鼓勵大家專注在五感上，帶領大家進入當下，啟動大腦內的感官區域。

規劃中場休息的小確幸

這一天過了快一半，而你知道還有好幾個小時的工作在等待著，中午正是計畫下班後小確幸的好時機。喝一杯葡萄酒、騎一段腳踏車，或是買些好料做一頓大餐，只要能讓你開心都好。小確幸除了象徵一日工作的結束外，我更想要你體會的是中間這段等待的時間。

先等待再享受不僅會增加開心的程度，等待時的樂趣其實也不亞於最後的享受。我曾利用這種延遲享受的概念，為一些品牌和產品設計所謂的「消費儀式」。健力士啤酒（Guinness）就是很好的例子，倒入杯中要等一百一十九．五三秒（官方確切時間）才能飲用，在酒保倒完前，讓啤酒分離成酒體和泡沫。研究顯示，啤酒會更好喝是因為等待提高心中的期待。

延遲享樂概念也是我有時會協助品牌設計略微複雜、難度較高包裝的原因，藉此拖延一下開箱時間。有一項洋芋片包裝的研究指出，當打開包裝的難度越高時，大家會覺得洋芋片越好吃。如果你覺得自己花了一些工夫，之後的回報也會更甜美。況且正如我所說的，等待或許不亞於正戲。二〇〇二年，科學家以功能性核磁造影掃描儀測量人們在等待甜品和實際食用時的大腦反應。結果發現，等待時腦內快樂激素多巴胺的程度與實際吃甜品時一樣。規劃小確幸會帶來快樂，讓你擁有正面情緒。一整天下來，當事情開始增多，讓你喘不過氣時，想想下班後的計畫會讓你開心不少。

午餐後是團隊合作的黃金時段

午餐過後是內部會議的好時間，據說週二下午三點是最棒的。顯然地，大部分的人在這時候的工作量最少。

和同事、其他公司或廠商開會，有時候不一定是以銷售為目的，這些會議的目的是建立合作基礎；用我們那個時代的話來說，就是「聯誼會」。通常會議一開始的氣氛都有些沉悶，特別是在如果與會者都不認識彼此的情況下。大家在職位與權責上或許會有些爭執，也或許是因為害怕社交而無法暢談。不過，只要有幾個能激發坦承、社交互動，還有分工合作的感官大補帖，就能促進談話與彼此合作，讓一切顧慮消散在（充滿花香的）空氣中。

▼促進互動的鮮花

二〇〇八年，在拉斯維加斯的一間會議室裡，一群賭場從業人員齊聚一堂，以焦點團體的身分討論一台新吃角子老虎機，房間內飄散著淡淡的天竺葵香。隔壁是一間一模一樣的會議室，也有一群賭場從業人員在此討論同一台機器，但是房間內沒有任何味道。這兩間房間裡的人很快就會知道其實根本沒有什麼新機器，他們在不知情的情況下，成為康乃爾大學（Cornell University）迪納・贊科（Dina Zemke）和史道威・舒邁克（Stowe Shoemaker）的受試者，兩人想測試香味對人們聯絡情感、互動的影響。這兩間房間的人都被告知主持人遲到了，所以有十五分鐘的空檔。在有天竺葵香的房間內，社交互動比另一間房間熱絡不少，如眼神接觸、對話、身體語言及肢體接觸。

好幾份不同的研究都發現，花香味能增進人際互動，打破社交藩籬。還有一個實驗條件有些詭異的研究，先請受試者站著觀賞默劇，接著詢問有誰願意出來調整默劇演員的姿勢，以表達特定情緒。與香奈兒五號香水或嬰兒爽身粉的味道相比，當空氣中飄散花香味時，願意站出來觸碰演員的人多了三倍。

薰衣草也被證實能增加信任感。整體來說，花香味都能讓人更開放地交談、互動。可能是因為花香味有放鬆作用，人們的壓力較小，也會比較親切，也或者宜人的香氣本身就是答案。但是花香的效果確實比其他香味來得好，所以合作討論前，請在會議室裡擺滿花朵，然後噴點薰衣草或天竺葵香精。但是，小心別讓會議室聞起來像老嫗的房間，花香味務必要清新自然，任何人工合成的暗示都會造成負面影響。

▼愉快樂觀的黃色

紅色幫助我們保持敏銳，綠色促進正向決定，但如果你想要愉快心情和樂觀態度，最棒的顏色是黃色。黃色的侵略性遠低於紅色，但仍然鮮活。曾有實驗計畫使用功能性核磁造影掃描後發現，黃色光波會刺激腦波活動，造成「合理的靈活度」。知名色彩治療大師蘇西・

奇亞沙麗（Suzy Chiazzari）列出置身於黃色之中的效果，包括幸福感、樂觀及合理的刺激。先前說綠色是最正面顏色（九五．九%的人同意）的那項調查，黃色其實緊追在後，位居第二，有九三．五%的人同意。

黃色和花香有直接關聯，進一步的連結則是太陽與夏天。台灣有一群研究人員分析歷史上所有的顏色理論，發現黃色永遠被視為正面顏色。至於和黃色有關的負面意涵，大概只有恐懼、膽小及病痛，但是如果使用美麗的鮮黃色，應該就不會這麼認為。如果你是聚會主辦人卻找不到黃色房間或黃色桌子，還有其他的方法，可以在房間內擺放黃色鮮花，或是將議程印在黃色紙張上；以黃色投影片作為簡報開場，或是搭配暖黃色燈光。

▼燈光略暗讓人願意社交

以團體合作來說，研究已經證明，稍微調暗燈光會讓人更願意進行社交，這很可能是因為我們覺得少了別人的「注視」，也就少了一些顧忌。東京城市大學建築系教授小林茂雄觀察人們在不同燈光條件下的行為，有的在實驗室，有的則在戶外空間。他發現當燈光較暗時，人們會坐得較為靠近，而且調整姿勢來面向對方交談，這些人的眼神接觸、社交動作與彼此的談話也更多。另一項英國的實驗，則是找來互不認識的人一起觀看十分鐘電視節目，房間的光線條件分別是昏暗的燈光、明亮的櫥櫃燈及天花板大燈。結果燈光越亮，房間內人們沉默的時間越長，昏暗燈光房間內的受試者聊得最多。這項實驗也發現，不管在哪一種燈光條件下，其實人們心思敏捷的程度都相同。這是一個好消息，因為我們希望大家多多交談，但也希望房間內充滿活力。

▼柔軟觸感促進互動

講到觸感，巴奇針對觸覺影響人們互動方式的研究幫了大忙。當然，重物、軟椅和溫暖材質也都有幫助，任何令人在情感上感受到溫暖的事物都能促進交流合作。不過，巴奇還有另一項專門針對人與人共事的研究。在這項實驗裡，他召集數個小組一起拼圖，有些小組的拼圖背面是軟性材質，有些小組的拼圖背面則是砂紙的質感。與軟性材質小組相比，砂紙小組的成員普遍覺得夥伴不夠友善和樂意合作，完成拼圖需要的時間也較長。

無論發放任何東西，盡量挑選柔軟的質地。為了感官上的搭配，你可以呼應花瓣的柔軟觸感，這樣一定會有優加性效應。如果你需要印送議程，就列印在柔軟的紙張上，也可以在每個人面前放上柔軟的餐墊或杯墊。

務必充分發揮觸覺的作用，別提供又硬又脆的薯片或堅果，最好有軟綿綿的口感又不會發出刺耳的咀嚼聲，像是棉花糖。

▼「嘁嘁喳喳」的雜音反而鼓勵對話

寂靜不僅比什麼聲響都大聲，而且絕對會打消人們說話的念頭。想想在強調輕聲細語的畫廊或銀行裡說話的感覺，你會發現自己開始用氣音，因為害怕受到注視。但是如果周遭環境太吵雜也不好，首先你聽不見別人說什麼，也就失去開會的目的。如果你能找到適中的環境，恰到好處的環境雜音，每個與會者都能放心交談。鼓勵對話的最佳音效就是所謂的「嘁嘁喳喳」（walla walla），無法清楚聽見內容的交談聲。

我在幾年前為高級銀行TSB在「模擬商店」裡進行一項試驗，這是他們判斷顧客對新設計或新促銷有何反應的場所。為了讓客戶感覺更放鬆、舒適，我們透過隱藏式喇叭播放柔和的交談聲，偶爾摻雜茶杯輕碰的聲音。帶來的改變非常驚人，音量稍微提高後，背景談話聲取代寂靜，發現大家更踴躍交談。事後詢問大家的感想，沒有一個人注意到背景音量提高了。

▼輕柔溫暖的音樂

在這樣的會議裡，勢必會播放一些背景音樂——我們都知道柔和的音樂讓人心情愉快，商店中慢板音樂能延長顧客瀏覽商品的時間長達七六％。針對餐廳音樂的研究則發現，播放慢板音樂會延長客人用餐時間，並花費更多金錢。

你播放的音樂必須反映營造的感官特徵，所以音樂應該輕柔而溫暖，不該有瘋狂變奏吉他之類的撕裂感，也不能是冰冷的電子樂。至於音量，調整到能融入背景的低音量，可以聽見卻不會打擾。

▼圓桌的向心力

亞瑟王（King Arthur）安排武士們坐在圓桌絕對是正確的，根據其中一個版本故事的說法，圓桌是為了「避免貴族爭執，因為沒有人願意屈居下位」。和方桌相比，圓桌上沒有頭尾之分，象徵大家都是平等的。二十世紀時，英國精神病學家漢弗萊．奧斯蒙德（Humphry Osmond）針對這個概念，提出學術用語「社交向心座位」（Sociopetal Seating），並驗證其正面效果。每個人朝內面向大家的座位安排，能鼓勵開放心態並促進談話。日本的一項教室座位安排研究證實，圓形座次會讓同班同學更有歸屬感，學習效果也更好。

▼一起狂歡的歸屬感

如果團體氣氛實在很僵，又必須創造凝聚力，就應該部落化，而且不醉不歸。在單獨的小團體中，每個人都會展現個體性，可是當小團體旁邊出現更多小團體時，情況就會有所不同。根據「自我歸類理論」（Self-Categorisation Theory）指出，人們會根據所處的狀態來決定自己歸屬哪個群體。針對人們徹夜飲酒行為的消費者研究（我為一個龍舌蘭啤酒品牌工作而得知這項研究）顯示，一群人從在朋友家小酌，轉移陣地到酒吧或夜店後，原本的個體性會漸漸被群體向心力取代。從一群各自頭角崢嶸的個體，變成好幾個群體中的一群，於是團體成員彼此之間的信任支持感也會直上雲霄。

分工合作的感官處方箋

- **氣味**：鮮花。梔子花、玫瑰和其他花香調已被證實能促進人們交談，而柑橘花香調既宜人又不會感覺老氣。
- **顏色**：黃色明亮又樂觀，所以請選擇黃色花朵或是在螢幕上使用黃色，把議程放在黃色資料夾裡。
- **燈光**：略暗。調暗燈光讓人降低戒心，如果你能控制燈光顏色，就使用溫暖黃光。
- **觸感**：柔軟能促進合作和社交凝聚力，但是別忘了，物品也應該溫暖而穩固，可以的話，選用柔軟觸感的紙張。
- **味道**：提供不會發出碎裂聲的柔軟食品，像是棉花糖、三明治和蛋糕。
- **聲音**：交談聲。播放「嘁嘁喳喳」聲響，鼓勵大家談話。
- **音樂**：播放一些寧靜的慢歌遮掩沉默，同時營造環境氣氛。
- **座位**：面朝內的圓形座位能幫助社交凝聚和開放坦承。
- **派對狂歡**：如果所有手段都不管用，但你就是得讓一群各行其是的人融合成團隊，就帶他們去夜店。

下午最適合發揮創意

創意不只是作家、畫家或發明家的事，每個人都有創意，製作簡報時發揮創意靈感的重要性，不亞於創作舞台上的曠世巨作。無論你是在發想新商業計畫，還是在構思起居室的新色調，如果能激發創意，就會發現自己的思考模式改變，更能解決問題並觸類旁通。做法是，留意（但別太專注）周遭的感官環境。

「美多半出現在不刻意創造的作品中。」日本哲學家柳宗悅在一九二六年的散文集《萬物之美》（*The Beauty of Miscellaneous Things*）裡寫下這句優美文句，這句話反映出他高度推崇尋常人家使用的杯碗瓢盆之物，這是數百年來的民間手工藝。同理，我也希望大家能對每天生活中的聲音、氣味、顏色、形狀及觸感更加留心。

柳宗悅的絕妙好句觸及目前創意領域裡受到廣泛研究的項目：「意流」概念。當你有些分神時，無意識領域反而會發生奇妙的事。我們本來就容易在下午開始分心，所以這時候反而是創意討論，或讓自己悠遊在創意之海的好時間。

創意思考者長久以來都懂得善用自我分心的力量，亞伯特．愛因斯坦（Albert Einstein）和夏洛克．福爾摩斯（Sherlock Holmes）遇到數學難題或撲朔迷離案情時，會轉而拉小提琴，將部分心思放在一件事，然後放任另一部分心思自在探索。只要有適量的感官刺激，我們也可以引導出科學家所說的「建設性分心」（Constructive Distraction），方法如下。

▼穩定不單調的環境雜音

每一門科學領域都有超級巨星，巴奇和艾克曼是觸覺大師；史密斯和查爾斯．史賓斯（Charles Spence）教授是感官味覺裡的元老；而拉維．梅塔（Ravi Mehta）和朱睿（Juliet Zhu）則是創意領域的不二人選——在本節中，你會經常看見兩人的名字。

為了研究聲音對創意的影響，梅塔和朱睿設計了一系列實驗，請受試者在不同環境下解決創意挑戰，環境雜音包括咖啡館的喧鬧聲、吵雜交通聲、工地工程聲及其他等。結果顯示，持續變動但音量穩定且沒有突發聲響的環境雜音最能提升創造力，不過這個聲音一定要穩定、熟悉又不單調枯燥，才能維持專心和分神之間的完美平衡。

但是除了使用之前已經討論的聲音，好比咖啡館的喧鬧聲或交談聲，聲音的選擇還可以更上一層樓。使用會讓你聯想到工作內容的聲音，更能激發大腦湧現相關的靈感，如果你正在撰寫以紐約為場景的劇本，就聽紐約的城市聲；如果你正在尋找新的投資想法，也許可以聽聽證券交易所現場的聲音；設計海灘旅館的話，自然是聆聽浪潮聲。

不然也可以效法推銷時用的「體驗型香氛」，橫向思考哪種情感和手邊的工作有關。如果你的想法必須充滿熱情又有競爭性，也許可以試試足球賽的聲音。思考一下什麼聲音能幫助你分心到有創意的程度，會帶來整體正面效果。

關於最適音量也有許多研究提出證據，當環境雜音超過七十五分貝，創造力會開始大幅下滑；七十五分貝相當大聲，大概是吸塵器的音量。梅塔和朱睿的另一項研究，這次還有艾默・齊馬（Amar Cheema）加入，是測試人在不同音量的環境雜音下的創意思考能力。受試者必須參加「微關聯性測試」，題目上會出現三個單字，第四個單字必須具有相關性，例如aid / rubber / wagon，答案是band。環境雜音在六十五分貝左右，受試者的成績最高，大約相當於餐廳高朋滿座時的音量。試著判斷周遭的噪音量是否恰當，或許你可以在手機上下載測量分貝的應用程式。

▼黏土香氣的感官回憶

你記得黏土的味道嗎？黏土味能讓你更有創意，解決問題能力也更好。二〇一五年，納西德．伊博拉辛（Nahid Ibrahim）著手研究他稱為「心理時光之旅」的好處，意指氣味能帶我們回到童年玩耍的時光，而這樣的感官回憶會影響我們的能力表現。實驗計畫是請受試者接受「卡爾．鄧克爾（Karl Duncker）的蠟燭測試」，在只有一盒火柴和一盒圖釘的情況下，如何讓蠟燭黏在牆壁上，燭淚又不會滴到地板。受試者會在不同氣味的房間內接受測試，一間是好聞的柑橘香、一間有著黏土味，還有一間控制組則是沒有氣味的房間。受試者在有氣味的兩個房間表現都比控制組好，表現最佳的是黏土味房間。

「心理時光之旅」概念喚起的不只是行動——來自黏土的創意玩法，還讓人處於建設性分心的狀態，因為黏土味有遙遠的熟悉感。使用這類氣味的重點在於，嗅聞的人可以辨識出是什麼味道，不至於過度分心。如果你點了一根會散發香草、零陵香豆（Tonka Bean）、岩蘭草、玫瑰花和麝香味的蠟燭，氣味或許非常好聞，但是複雜的層次反而會消耗許多心理能量，進而對創造力和專注力造成負面作用。

你可以直接買一罐黏土香水，有一家名為「香氛圖書館」（The Library of Fragrance）的公司在九十週年慶推出這款商品；或者也可以參考我的做法，進行創意討論時，直接帶黏土放在桌上，通常我會選擇藍色黏土……

▼藍色讓創意湧現

藍色最能激發人的創意，它是終極「冷色」，而且有安撫心情的作用。梅塔和朱睿一次又一次證明，如果希望創意湧現，最好保持冷靜的心情。

在兩人的另一項研究中，受試者拿到一組紅色或藍色的模型，然後請他們藉此發想兒童玩具的創意。獨立評審則以書面模式來審查大家的提案，結果藍色模型組的提案較具原創性。紅色模型組的提案則比較實際，再度印證紅色適合注重細節、實際操作的任務。這項研究的結果，也能看出人們在藍色環境中展現出較多的「趨近激勵行為」，就是行為者更願意冒險，也對新觀點抱持更開放的心態。

從事創意相關工作時，盡量帶入藍色元素，你的腦力激盪筆記本應該是藍色，然後桌上放一盒藍色黏土。如果你能決定自己的辦公環境，將休息空間的牆壁漆成清爽的藍色，或是在創意會議室使用藍色桌面。

▼昏暗燈光的思考更奔放

目前已有很多研究指出，最適合創意思考的燈光條件。是誰主持的研究呢？這次除了梅塔和朱睿外，還有王城（Chen Wang，音譯）和珍妮佛．亞果（Jennifer Argo）。他們發現，如果將受試者安排在不同燈光環境的房間內，並請他們進行創意型任務，結果會有很大的不同。在昏暗光線下，人們比較放得開，思考也更加自由。然而，儘管在這種情況下新創意會源源不絕地出現，但有研究指出這些想法可能不切實際。

如果你能調整辦公室或家裡的光線，或許可以設定成漸進變化，因為有證據顯示，緩慢的燈光變動能幫助創意思考。每八到十六秒做一次色調或色溫的細微調整（有點像是慢慢變化的聖誕燈飾），會在周遭營造細緻的背景流動，幫助你獲得創造性分心。

▼混亂桌面才有新穎想法

對我這種無法在混亂環境中工作的人來說，這個感官處方箋特別有意思。如果不把桌面上所有紙張、筆和零星小物先排列整齊，我就無法專心工作，我常說這是輕微的強迫症，但更有可能是因為我想拖延開始工作的時間。不過，從激發創意的角度而言，這顯然是一個錯誤。

有一項研究讓受試者置身在兩間一模一樣的房間，唯一不同的是桌面物品擺放方式。第一個房間的桌上有幾疊工整堆放的資料夾和文件；另一個房間的桌面上，一樣的資料夾和文件則四散各處。為了測試兩邊的創意思考，受試者被告知有一家桌球製造商希望能找到產品的新用途，請大家列出十項新提案。這道古怪難題出自明尼蘇達大學（University of Minnesota）的凱瑟琳・沃斯（Kathleen Vohs）、喬瑟夫・瑞登（Joseph Redden）及萊恩・萊諾（Ryan Rahinel），算是另一種版本的「替代用途測試」（Alternate Uses Task, AUT），這是美國心理學家喬伊・保羅・吉爾福（Joy Paul Guilford）在一九六七年為了評估創意思考開發的測試（原版的商品是磚塊而非桌球）。

研究結果發現，在凌亂環境裡的受試者想出更新穎、「有創意」且更多的方案。在整齊的環境中，我們的認知表現似乎趨向保守，而凌亂的空間則讓思考過程不那麼死板。藝術家、作家、科學家和其他創新發想者中，工作場所亂七八糟的人到處都有，從馬克・吐溫（Mark

Twain）到史蒂夫．賈伯斯（Steve Jobs），很多偉大心靈的工作環境都是出了名的雜亂無章。以我來說，我試著讓桌面比心裡的強迫症標準亂上一些，雖然依舊會在開始工作前執行收拾儀式，但在工作中就不再整理桌面，幫助思緒飄向朦朧之海。

▼開放空間的解放感

之前的章節中曾提及，天花板高度會影響我們的思考，高天花板讓人感覺更自由、開放，於是我們也會出現不同的思考。朱睿在這個有趣的研究領域也著墨頗深，在一項實驗中，她讓人分別待在樓高八英尺或十英尺（約三公尺）的房間內，然後請他們解出一系列字母變位題目（譯注：如將eat變為tea）；題目裡的詞彙都與自由——「解放」（liberated）和「無限」（unlimited），或者限制——「約束」（restrained）、「禁止」（restricted）這兩種概念有關。實驗的用意是，無論感覺自由或受限，符合心情的字眼會最先浮上心頭。結果也的確證明這個假設，在高天花板的房間裡，人們對自由相關詞彙的反應時間較快。同一項研究的進一步實驗則探討人們記憶資訊的不同，發現高天花板房間對抽象思考有助益，人們也較能觸類旁通。框框越大，思考會「跳得」越遠。

▼彷彿「藝術家上身」的小配件

如果你真的要在同事間的腦力激盪會議裡大展身手，或是有足夠的自信來點小變裝，正是體會衣著認知和物質觸發威力的大好機會。好多物品都帶有藝術性意涵，穿上外衣或在桌上放置激發創意的東西一點也不難。一盒藍色黏土就很棒，因為大家都知道這是什麼，不但會讓人心情愉快，還有對創意有幫助的香氣與顏色。用鉛筆而不是無聊的原子筆書寫，甚至可以用畫筆，雖然不是特別好用。

如果你不想戴上畫家帽與畫畫衣，整個人「藝術家上身」，就穿著讓自己覺得輕鬆自在的衣物，然後很有藝術氣息地在肩上隨意披掛圍巾或披肩。在衣著的章節中就提過，只要每次進行創意工作時穿戴同一件物品，就能建立物品連結，或者你也可以挑選會讓自己想到與創意相關的時光或人物衣飾。

提升創造力和創意思考的感官處方箋

- **聲音**：喚起情感的音景。能帶來場景感，卻又穩定、熟悉又不單調。不能超過六十五分貝，也不能太小聲。
- **香氣**：黏土香。你可以買一瓶黏土香水，或者隨身準備一盒黏土，需要時就拿出來放在桌上。
- **顏色**：藍色。放一本藍色筆記本，可以的話，就找一面藍色的牆或桌子。
- **燈光**：略暗，能讓人放鬆並有助於消除限制感。如果你能控制燈光，緩慢變化的光線或許不錯。
- **環境**：在能接受的範圍內，放任混亂，然後有著高天花板。
- **其他**：前面提過的藍色黏土、舒適的衣物，還有能觸發正確情感的配件。

下班前如何讓時間過得更快

隨著下班時間越來越近，每分每秒似乎開始拉長。不管心裡有多麼清楚，一直看著時鐘只是雪上加霜，但就是忍不住。尤其現在你的電腦、手機、牆壁和手腕，到處都有時鐘。

到了這個時點，多巴胺應該會因為對下班後小確幸的期待而上升一些。我們雖然不能加快時間的腳步，但是的確有些方法能加快你對時間流逝的**感知**。首先，移走視線內所有的時鐘，然後照著這份感官處方箋讓時光飛逝。

▼慢板音樂

在所有感官中，聽覺對時間流逝感的影響最大，聽起來或許有點不合理，但是慢板的小調音樂會讓時間過得更快。我曾利用這一點替某家銀行的顧客服務專線編列一份等候音樂的歌單。等待的時間越長，客訴的數量減少越多，因為這些等待和專員通話的顧客耳裡聽著巴利阿里風（Balearic）慵懶音樂，十分鐘的等候頓時感覺短了一半。

這完全是聽覺的影響，快板音樂會加快心跳和提高警覺度，所以你會對時間更注意；反過來說，慢板音樂能安撫身心，減緩你的心跳與呼吸數，而且受到音樂節奏的影響，你會覺得時間過得較慢，代表「實際時間」消失的速度比你以為的快上許多。

同理，小調音樂不像歡欣的大調音樂那麼振奮精神。西北大學的一項研究中，研究人員將同一段的音樂分別做成大調和小調版本，接著找來一百五十名受試者聆聽並猜測這段音樂多長。整段音樂其實只有兩分半鐘，但即使是這麼短的時間，小調版本的音樂長度猜測仍比大調版本平均短了四十秒。

所以要讓時間走得更快，請聽慢板小調音樂。你不需要特別找悲情抒情歌曲或情境放鬆音樂，只要播放緩慢帶點傷感的歌單，不知不覺就要下班了。

▼迷人氣味

不管是什麼味道，只要有你喜歡的氣味，時間就會流逝得特別快，上班的最後一小時絕對是補擦香水、點燃香氛蠟燭、噴空氣清新劑，或吃點香噴噴食物的好時機。加州一份針對顧客行為的研究，觀察兩百九十八位學生，這些學生受邀進入一家模擬超市，並在走道間瀏覽商品，研究人員則在空氣中釋放不同氣味。除了計算受試者觸碰的商品數量外，研究人員也會記錄每個人逛超市的時間，並在最後詢問受試者覺得自己逛了多久。當空氣中飄散香味時，受試者不僅對整家店和商品的好感度提升，還以為自己待在店裡的時間平均比實際時間少了七十五秒。

有趣的是，沒有一個人注意到超市裡飄散香味，可見我們對自己的感官和受到的影響有多麼不重視。即使你不知道它的存在，空氣中的迷人香味還是能幫助時間加快腳步。

香氣也能緩解等待的怨氣。有人曾在地表上時間流動最緩慢的地方之一——車輛監理所做過調查，這裡充滿苦等數小時，只為了拿到駕照或行照的可憐靈魂。即使是在這麼痛苦的環境裡，一抹薰衣草香還是能讓等待變得更容易，難以置信的是，人們甚至會在結束時對監理所的服務感到滿意。

既然你的音樂選擇是緩慢內斂，香氣也應該相輔相成。我推薦薰衣草，以跨感官角度來說，這是「緩慢」的氣味，也和等一下要談論的顏色很契合。但一定要是你喜歡的香氣，所以請選擇自己聞起來開心的味道，別忘了搭配其他的悅人感官處方箋，達成和諧的快樂境界。

▼安撫心理的藍色

這個時段的宗旨是，你越冷靜且環境越舒適，時間就過得越快。之前討論過，清爽的藍色是心理上的安撫顏色。有項研究不但證實這一點，還給予網頁設計師寶貴的訣竅。研究的實驗是請四十九人坐在電腦前，然後按照螢幕出現的圖像畫畫。比起紅色和黃色，當網頁背景是藍色時，受試者覺得時間過得較快，也覺得比較放鬆。

這個時段的感官處方箋短小輕薄，但是組合完美。音樂、氣味及顏色都是能加快時間認知的元素，放在一起就是你可以隨時使用的金三角組合。當你發現時間越來越難熬時，播放一點哀傷音樂、噴一些香氛，然後拿出藍色筆記本，就能幫助自己以輕鬆的心情更快地走到終點。

加速時光流逝的感官處方箋

- 音樂：緩慢的節奏，哀傷鬱鬱。

- **氣味**：好聞宜人的香氣，選擇能搭配音樂和顏色，溫柔又安撫的味道，像是薰衣草、茉莉或鼠尾草。
- **顏色**：藍色，或是任何安撫清爽的色調，綠色、土耳其藍，甚至柔粉都可以。

一轉眼，下班時間已到，該回家了。你在回家的路上得去超市買幾樣東西；在第七章會告訴你一些逛街的策略，並且討論不同產品的特徵。但是在此之前，要先繞路拜訪觸覺的世界。

第六章 粗糙、光滑或柔軟

——連線上購物都能感覺「摸」到商品

觸覺是無法關閉的感官，你可以閉上眼睛、塞住耳朵、屏住呼吸，但是一定會有觸覺。皮膚是巨大的器官，專職接受溫度、觸感、形狀和重量等細微的感官訊息，從微風輕撫臉龐，到榔頭重擊手指，皮膚能接收到的訊息範圍十分驚人。

當觸碰或被觸碰時，我們會有兩個層面的感知：一個是「鑑別性觸覺」（Discriminative Touch），告訴我們觸碰點在哪裡，觸碰力度是輕是重、觸感是什麼，還有動作的方向；另一個則是「情感性觸覺」（Affective Douch），來自皮膚裡名為CT纖維的神經元。情感性觸覺不算是確切感官資訊，而是告訴大腦這是不是令人開心的觸碰，例如溫暖的擁抱或輕柔的按壓。這兩者並非來自同樣神經元，然後被各自解讀的感官資訊，其實是兩組完全不同的接收體：一組接受實際面感覺；一組接受情緒面感覺。這表示鑑別性觸覺永遠會以同樣的方式被解讀，但是情感性觸覺則可能因為其他因素而出現不同的詮釋結果——後者與情緒相關，而情緒會隨著情況或其他感官誘因而改變。

比方說，「痛並快樂著」這種說法有時候確實成立。在你狂奔追趕火車後，肌肉的疼痛和灼熱的呼吸確實不好受，但同樣的感覺如果發生在健身後，反而會有一股成就感，並帶來好心情。如果未經允許，即使輕輕的觸碰也會令人心生反感。想像你和伴侶發生爭執，對方試著擁抱或撫摸你時的感覺，這種碰觸可能讓人厭惡，也充滿目的性。鑑別性觸覺的感受雖然相同，但是心裡的感覺卻截然不同。

大衛．林登（David Linden）撰寫一本專門討論觸覺的書，其中提到一名女性因為罕見的「初級神經元病變」而喪失了觸覺，她無法分辨不同觸感，卻可以判斷在手臂上的觸碰是否充滿善意。她不能準確得知自己被觸碰的範圍是哪裡，但知道自己是否感覺歡喜——雖然鑑別性觸覺已經受損，但她還是能感受到觸摸的情感。

觸覺可能受到聽覺左右

因為人的情緒深受感官資訊的影響，假設其他感官會參與我們對觸覺的詮釋。舉例來說，好聞的氣味已被證實能讓物品更討人喜歡；如果伴隨著臭味，相同的物品就不那麼討喜。一九三二年，心理學家唐納．賴德（Donald Laird）針對觸覺的跨感官領域進行研究。他發給受試女性每人四雙一模一樣的絲襪，請她們拆開並評論。有一雙絲襪完全沒有添加任何氣味，另外三雙都有，其中一款香味是水仙花，這是一種綠意盎然並有飽滿花香的濃郁香氣。所有女性都比較喜歡添加香味的絲襪，尤其是水仙花款，但是當問到喜歡的原因時，大家都說是高級感、光澤和織法等，沒有一個人提到氣味的不同，即使這些絲襪完全一模一樣。

觸覺也可能受到聽覺左右，觸碰物品時發出的聲音會大為影響我們對物品的感覺。有一項實驗請受試者觸摸不同粗細度的砂紙，研究人員則是一邊改變他們聽到的聲音。當聲音模糊時，聽起來較柔和，於是觸感也變得較平滑；當聲音轉強時，砂紙感覺更粗糙。有一個現象叫做「羊皮紙狀肌膚錯覺」（Parchment-Skin Illusion），是一九九八年由赫爾辛基理工大學（Helsinki University of Technology）的兩位科學家發現，他們證明人們聽到的聲音甚至能改變自己皮膚的感受。受試者必須在麥克風前搓揉雙手，頭上戴的耳機能同時聽見麥克風傳來的聲音。當研究人員將聲音變得尖銳高頻時，受試者覺得自己的皮膚又乾又粗；當聲音調得較厚重朦朧時，受試者表示雙手感覺柔軟平滑。聽覺確實能神奇地主導你對自己皮膚的感覺，雖然你以為自己的觸覺應該才是老大。

我們甚至可以在沒有實際觸碰的情況下，以聽覺來觸發，產生觸碰感。我曾和一群數位互動設計師與牛津大學跨感官研究實驗室團隊一起進行研究，設計師做創造類似數位鏡子的虛擬實境體驗，站在類似大型電視的螢幕前，你可以看見自己身穿不同的夾克，揮手就能換穿下一件。

線上購物也能「摸」到商品

說到衣物，大部分的資料都是透過實際觸碰得來，但是在線上購物時，卻只能在缺乏接觸的條件下做出判斷。通常我們只能在收到貨品後，才發現原來這家衣服的感覺廉價、材質不舒服或厚度不對，這都是藉由簡單觸摸就能知道的事。我們打算進行一項研究，解決這個問題。

我們找來兩件聽起來完全不同的衣服，一件羊絨夾克與一件防水夾克，然後錄下身穿該件夾克時，每種動作發出的聲音。接著把聲音輸入應用程式內，讓人站在螢幕前觸碰夾克時，可以透過耳機聽見材質的聲音。在牛津大學的實驗室裡，我們請人分別在有聲和無聲的狀況下體驗這個應用程式，結束後詢問受試者是否喜歡這些衣物，還有願意付出多少錢購買。結果發現，受試者在有聲時對夾克的喜愛度大增，願意支付的價格也高出三五%。能聽見聲音，就能判斷品質，這麼做讓整個試穿體驗更個人化，試穿者也對產品更有附加感情，進而轉化為價值。可見單一的感官經驗看似獨立存在，其實是和其他許多感官的結合，一起形成我們的認知。

在線上購物領域，這類應用軟體的商機十分龐大。如果你能在滑鼠滑過圖片時聽見材質的聲音，接收的資訊幾乎就像是用手直接觸碰。

剝奪觸碰物品的選項，也等於剝奪對物品產生感情的機會。某個實驗請受試者從事如吸塵、打掃和吃東西等日常活動，但是全程都要戴著手套。大家的感想是對這些活動的情緒很疏離，甚至比遮住眼睛做同樣的事還要疏離。當然，每個人對觸碰是否重要的認定都有所不同，為了加以量化，研究人員設計出「觸碰需求」（Need for Touch, NFT）量表。高觸碰需求的人對無法接觸的物品更冷感，所以在線上購買的機會也很小。為了找出個人的觸碰需求，喬安・派克（Joann Peck）和泰瑞・柴爾德（Terry Childers）設計了十二點問卷，填寫者根據自己對每項描述的認同程度來回答，答案介於正負三之間。以下是幾個範例題目：

- 在店裡走動時，我無法不觸碰各類商品。
- 觸碰產品充滿樂趣。
- 實際接觸後，我才較有信心購買該商品。

在我這個產業的工作者可以利用觸碰需求量表，來推測品牌或產品的顧客特徵，並且判斷是否需要更動任何觸感條件。比方說，在擔任某男性刮鬍刀的包裝顧問時，我們針對目標市場進行調查，然後發現有七二％的顧客對能觸摸的商品更有信心，而且八五％的顧客更願意掏錢購買能觸摸的商品。根據調查結果，我們建議包裝要露出部分握把，並且捨棄一般的塑膠外盒，以增加消費者對刮鬍刀的感覺。

在下一章會進入商店，並討論感官行銷人員能做些什麼來提升顧客的產品經驗，可以是透過包裝設計，還有整體的零售環境，觸覺將扮演重要角色。

無論觸覺對你來說重要與否，影響絕對十分深遠，雖然很多時候我們根本並未察覺。我們不可能留心每一次觸碰，那會像是在同一時間傾聽周遭的每道聲音一樣。我們必須過濾一大半，於是觸碰變成背景般的存在，導致我們不明白觸覺在解讀情況、感受人物地點或評估事情時，有多大的影響力。正如其他的感官，我希望本書能喚起你對觸覺的重視，更留意觸感，並且多多觸碰身旁的一切。現在我們該回到接下來的行程，一起去購物吧！

第七章 賣場裡的隱形力量

——拿著沉重袋子的人最愛買垃圾食物

對多數人來說，回家路上的商店是添購雜貨，或滿足你先前規劃小確幸的好地方。但是這趟短短的超市之旅中，感官其實左右你的行為和購買品項，而且你幾乎無法控制。

在進入貨架通道前，你可以做幾件事來改變自己的決定。

做出更健康的選擇

▼別提沉重的袋子

一天即將結束時，因為決策疲勞的心理負擔和消耗殆盡的意志力，最容易忘記飲食計畫，然後購買一堆慰勞品。

走進超市時，如果肩膀上背著沉重的包包，事情會變得更困難。有項研究的實驗計畫是，觀察大學餐廳裡，帶著輕包包的消費者與重包包的消費者所點的餐點。結果發現，包包沉重的消費者選擇的食物較不健康；同樣的現象也發生在不同重量的餐盤上，拿著沉重餐盤的人會點較不健康的餐點。研究人員的解釋是，身體負擔的重量減損了人們的「自我控制資源」。在無法控制意志力且做出健康選擇時，我們就會放鬆警戒，直奔最簡單的選項，也就是看起來好吃又過癮的那種。所以進入超市後，先把包包放進購物推車裡，這會減輕你的負擔，幫助你保持自制力。

▼嗅聞兩分鐘

嗅聞美食的氣味長達兩分鐘以上，會帶來感官上的滿足，效果和實際吃下肚一樣，然後你會不由得購買較健康的食物。比斯瓦斯和寇特妮．瑟奇（Courtney Szocs）證明，先讓人聞餅乾、披薩、蘋果或草莓的味道後，再請他們選擇食物的效果。實驗的其中一種情況是，受試者進入超市時會聞到一種味道，然後開始購物，之後會分析購物籃裡的商品。結果一開始聞到餅乾味道的受試者，購買的品項會比一開始聞到草莓味道的受試者來得健康。要讓味道發揮正面效果，聞的時間要夠長，至少要兩分鐘。研究發現，匆匆一嗅反而會造成反效果，增加受試者大吃大喝的渴望。所以你可以隨身帶一些聞起來甜甜的東西，或是進入超市前，先站在速食店或麵包店外大聞特聞一番。

走入超市後，是時候來辨別商店設計師用來誘惑你購買某些商品的技巧了。從每項感官出發，看看產品在貨架上的陳列、包裝顏色及觸感，還有背景音樂和氣味等，你或許不曾察覺的影響力。

影響購物決定的感官因素

▼視覺：上層的甜味商品更有吸引力

走進商店，首先映入眼簾的是成排新鮮蔬果，放在入口處讓整家店看起來清新鮮美。如果一開始進入清潔產品區，看見一堆漂白水、洗碗精和抹布，後面的食物看起來就不那麼可口。看到各種顏色並聞到農產品，能傳達新鮮活力的印象。有很多超市現在使用印著「農場」或「市集」字樣的木箱，暗示著原汁原味及在地性，表示自己是切切實實的雜貨商又不忘本，即使你身處的賣場規模極大。

貨物上架也有一定的安排，品牌間也會為了最佳位置而彼此廝殺，不過這不只是落入視線範圍那麼簡單。消費者神經科學的重要人物卡洛斯・維拉斯科（Carlos Velasco）做過一項研究，發現不同產品放置的高度會影響購買慾望，因為我們會跨感官地把味道和視線高度做連結。

研究結論是，大多數人覺得「甜味」應該在高處，「苦味」應該在低處，這和我們已知的音樂與味道連結相符，人們通常會把甜味連結到高音，苦味多半連結到低音。在一家模擬超市的貨架上，維拉斯科和團隊多次調整甜味商品與苦味商品的擺放位置，當甜味商品放在上層貨架時，受試者會覺得比放在下層貨架時更有吸引力。把甜味商品放在苦味商品的上層，像是早餐走道的果醬放在馬麥醬（Marmite）上，兩種商品都會更誘人，消費者也更願意購買。

商品包裝是真正的戰場，顏色、圖案和訴求——每項元素的設計都是為了打動你的感官。因為健康是當代食物潮流的首要重點，所以不妨來談談。人會本能地將綠色連結到健康，是因為它讓我們想到大自然，因此如果產品有綠色包裝，我們會認定它比不同顏色包裝的同類產品來得健康，而且越重視健康概念的人就越容易會有這種想法。康乃爾大學教授強納森．舒爾特（Jonathan Schuldt）請九十八名學生想像自己飢腸轆轆地站在超市櫃檯前，然後拿出兩根點心棒讓他們選擇，兩種產品都清楚標示所含的卡路里。兩者的卡路里相同，但一個標籤是紅色，另一個則是綠色。即使數字相同，受試者還是認為綠色卡路里標籤的點心棒較健康。雖然眼睛看見理性資訊，但我們還是做出感性回應，因為一種習得的感官連結：綠色是自然之色，所以一定是健康的。

其他顏色也有類似的效果，已知在認知上，紅色比黃色沉重。有一份德國研究想看看這個跨感官連結，是否轉換成人們評估食物與飲料熱量的原則。研究人員讓受試者選擇一款虛構品牌的氣泡飲料，瓶身不是紅色，就是黃色，受試者都認為黃瓶裡的飲料含糖量和卡路里較低。

食品包裝上的圖片也會大幅影響人們的健康印象。想像一下，一包餅乾包裝上印著小麥圖案，然後旁邊另一包餅乾包裝上則是印著餅乾本身的圖案。研究顯示，我們會認為有小麥圖案的那包餅乾更健康，吃起來也更純正。先前曾說過，回答自己更重視食品健康的人，就越容易受到這些視覺因素影響。

最後，如果包裝上的文字標示對健康的好處，像是「百分之百全麥」或「全天然成分」，標示在產品包裝上方的說服力會比放在下方來得大——健康代表輕盈，輕盈的東西應該在上方。

▼觸覺：粗糙包裝讓人感覺天然

當你拿著一包食物時，就開始陷入「感覺轉移」（Sensation Transference）作用，也就是某項感官體驗轉換成另一種特徵，即使兩者毫無關聯。如果包裝材質有點粗糙，就會預期產品更健康也更天然，回收卡紙包裝的環保加分被轉換成對裡面食品的評價。你也明白該商品的成分可能充滿化學原料，而且根本來自大財團工廠，但是因為感官的影響，粗糙外表讓我們相信裡面的食物來自關心地球的友善賣家。

不管觸感如何，只要你拿起一樣商品，十之八九就會把它帶回家。我們拿著一樣東西越久，購買機率就越大，因為你開始對它產生感情，這就是之前提過的稟賦效應。為了說服你購買，行銷專家、店家和品牌商都無所不用其極地鼓勵你觸摸自家商品，他們可能會在包裝上使用不同觸感，讓你拿起來以後感覺新鮮有趣，於是拿得更久。任何能引起觸覺興趣的包裝，購買機率都會增加。

除了觸感之外，拿起一件商品時也會感受到重量。包裝重量會大幅影響我們的直覺印象，雖然自己並未察覺。例如對某些產品來說，重量象徵效果（清潔類產品）、更有飽足感（食物），或更好的品質。如果品牌不是選擇以重量來傳遞上述訊息（重量會提高運輸成本），就可能會以包裝圖案、文字及底部加深來增加重量感。

超市的中段是冷凍食品，擺滿令人垂涎欲滴的甜品，不過有一項你可以控制的觸感因素，就是自己的體溫。

▼觸覺：感覺冷時容易衝動消費

一份有趣的證據顯示，皮膚的溫度感受會改變人們的決策。根據研究，人們會在心理上「調節體溫」。正常情況下，調節體溫是在冷時披上外套，但心理上調節的意思則是，會在其他方面做出一些認知決定來平衡我們的溫度——透過直覺選擇。研究發現，當我們感覺冷時，就會購買較多東西慰勞、犒賞自己；當我們感覺溫暖時，會較容易做出理性決定。在研究中，受試者先分別經歷低溫或高溫的環境，再請他們選擇要吃巧克力蛋糕或水果沙拉。低溫組選擇蛋糕，高溫組選擇沙拉。基於這份研究結論，另一個實驗則實地測量各家高級店面的溫度；越昂貴的店，或是販賣服裝、鞋子、珠寶、訂製蛋糕等奢華商品的商店，溫度都偏低。

所以如果在走進冷凍食品區或精品店前，先穿上外套保暖，你就能避免花上一大筆錢買點慰藉的直覺動作。

▼嗅覺：「品牌香」激發顧客情感

食物的氣味當然能引起購買慾；大多數人都聞過超市烘焙區的麵包香，並且體驗過它的威力。當賣場附設烘焙部首次在一九七〇年代中期出現時，麵包銷量上升三〇〇%。咖啡也有類似的誘人香氣，最近的研究證實這一點，一家販賣現煮咖啡的加油站在加油機旁裝設電視螢幕播放咖啡廣告，銷售量顯著上揚八〇%左右。然而，當業主在電視旁多放上一台釋放咖啡香氣的機器，銷售量暴衝了三七四%。

在食物和飲料方面，氣味通常很容易辨識；可是其他商品的商店，氣味可能就不容易引起注意。因此像我這樣的感官行銷專家就能利用若有似無的背景香氣來延長瀏覽時間，促進銷售，並讓消費者對品牌產生感情。香氣創造一個環境，並凸顯出陳列商品的特質。舉例來說，香寇慕樂（Hunkermöller）這家荷蘭內衣品牌就用能激發「奢華感」和「柔軟感」的成分，設計出品牌專屬香氛，並在半數的店面使用。在其他條件相同的情況下，使用香氛店面裡，顧客的瀏覽時間拉長二五%，消費金額也增加了三〇%。

這不代表把你喜歡的味道放到店裡就大功告成，而是必須以科學驗證過程，否則會造成反效果。二〇〇五年，有家百貨公司進行問卷調查，確認男性和女性顧客的偏好，然後根據結論創造出兩款香氛：屬於男性的甜花香調，以及屬於女性的香草調。兩款香氣分別用於各自的服裝部門，結果銷售額加倍；但是當百貨公司將兩款香氛的使用地點互換，業績立刻暴跌。另一種可能是因為香氣過濃，有些店家就是以香味遠揚大街而聞名，如果你經過沐浴用品店 Lush 或服飾店 Abercrombie & Fitch，就會明白我的意思。這種做法絕對能提高品牌知名度，但是效果也非常兩極化，如果你不喜歡這種味道，就真的不會喜歡。效果最好的做法應該是，維持幾乎無法察覺的淡淡香氣。

如果濃度和成分都對了，「品牌香」是強而有力的手段，能有效喚起你對特定商店或商品的感情。好比你走進一家服飾店，想買一件漂亮衣服犒賞自己，空氣中有股若有似無的香氣，卻沒有特別注意；如果這種香氣調配得宜，應該會反映出設計師的性格和你認同的設計精神。訂製西裝的氣味可能是皮革、雪松及菸草，你試穿西裝或洋裝後決定購買。店員結帳時先在包裝紙上噴了少許香水，包好衣服，放進高級紙袋裡，最後你心滿意足地離去。

當你回到家，打開紙袋，想到要穿上新衣而興奮不已時，又聞到一陣香氣。在這一刻，你建立對這股香味的感情，而且直接連結到特定品牌，從今以後只要聞到一樣的味道，同樣的情感就會湧上心頭。這家公司可能會寄一些東西給你，像是帶有香味的目錄，一連串的情感回憶就會傾巢而出；或是當你經過世界上任何一家分店時，也會聞到這種香氣。這是一種難以捉摸、複雜的作用，一款香氣能帶出如此多層的情緒、回憶和聯想。

這就是嗅覺勝過其他感官的力量，它能喚起回憶、傳遞具體特質、影響行為，並且編織新回憶；一切都同時發生，而且你往往渾然不覺。

▼味覺：用顏色與畫面增加風味

在超市裡吃東西的機會不多，除非你從熟食區買東西邊走邊吃，或是在熟食攤位拿到試吃品。其實有很多方法能讓試吃品更美味，可惜通常都是穿戴圍裙和手套、面無表情的工作人員，用塑膠盤分送起司，很難令人食指大動。

不過，廠商在食品包裝上的確下了很多工夫，讓你對口味產生期待。這些包裝的影響力會持續到你品嘗時，美化你對口味和品質的認知。

較為暗沉、濃郁的顏色，在直覺及後天習得連結上都代表較濃郁的風味。用濃縮果汁調配飲料，若是其中一杯顏色較深，你會知道這杯果汁的味道較濃。我們會把後天習得的多感官連結投射在食物的包裝上。有研究顯示，當面前出現黃色、藍色和紅色三罐不同顏色的咖啡時，所有受試者都預期藍罐咖啡的味道最淡，黃罐中等，紅罐咖啡則最香醇濃郁。

同樣的策略也適用先前說過的健康食品，人們不願意購買從低卡食物到無酒精啤酒等「低負擔」食品的原因之一，是因為認為這些東西吃起來比正常、有酒精的版本平淡無味，但是如果低負擔食品用大膽鮮豔的顏色包裝，就算少糖，消費者也會相信風味不打折。況且正如早餐要用紅色馬克杯喝咖啡的道理，鮮豔顏色也會強化感受到的味道，變得更醇厚濃郁。

味道濃淡會連結到顏色深淺和其他的感官習得連結。以觸覺來說，重量會增加我們對味道濃度的預期，也會提升實際進食時的味道。在包裝下方印上食物圖片和味道描述，有提升風味的效果；放在包裝上方則會讓食物顯得清爽健康。液體流動、四濺的畫面讓飲料喝起來更鮮美，這就是鮮奶和乳製品包裝下方常有牛奶倒入杯中圖案的原因。在我們品嘗之前，就已經觸發對味道的期待；如果吃起來符合預期，你會覺得更好吃，也願意花更多錢購買這份美味。

▼聽覺：緩慢音樂讓人在賣場逛更久

超市裡背景音樂的重要性早已為人所知，較慢的音樂會讓顧客移動速度放緩，猶豫時間拉長，購買數量增加。有家超市曾把背景音樂的節拍從每分鐘九十四拍降到七十二拍，結果顧客停留的時間多了一五%，銷售量也上升四〇%。

目前已經有些有趣的研究，探討不同種類音樂對購物行為的影響。一家位於德州的酒品專賣店先播放古典音樂一週，接著播放流行音樂一週。播放古典音樂時，每位顧客的平均花費增加四〇%，因為古典音樂帶來的情感和聯想，會讓我們感受到品味，並做出更優雅的選擇。在酒品專賣店裡，這種情緒會反應在顧客的購買決定上。

回到超市，另外一項研究想知道，人在聽到不同國家音樂時會做出什麼選擇。一週內，某家特易購（Tesco）的葡萄酒區播放典型的法式歌曲，下一週則播放傳統德國銅管音樂。假定通常法國葡萄酒的銷售量是德國的四倍，比例是四比一；播放法式歌曲那週，法國葡萄酒的銷售比例提高到八比一，但是播放德國音樂那週情況逆轉，德國葡萄酒銷售量變成法國葡萄酒的兩倍左右。顧客在挑選時，受到正在播放音樂的隱約暗示所誘導。最有趣的是，在結帳後詢問手拿德國黑皮諾葡萄酒的顧客是否聽見音樂，只有二%承認自己受到音樂影響，其餘九八%不只表示沒有注意到音樂，還堅決否認其中的關聯，他們說：「我晚餐要吃醋燜牛肉，就是要來買黑皮諾搭配。」但數據否定了這種說法。

▼經過設計的感官購物體驗

如果你想逃離這種說服購買的氛圍，可以利用科學沉浸在自己的感官世界。既然知道音樂和香氣會左右我們的購買決定，並美化產品體驗，你可以在走進超市前先戴上耳機，然後噴上自己的香水。如果晚上打算煮咖哩大餐，耳機就播放寶萊塢音樂，身上噴一些像是小豆蔻、芫荽、孜然等辛辣的香水，你將滿懷期待，流著口水地挑選所有食材。如果希望更有自己的風格，可以用記憶裡的元素引導你在貨架上找出想要的東西，讓購物之旅更充滿感情。

如果你以前總是深受超市環境影響，結帳時手拿澳洲黑皮諾，因為店裡正在播放凱莉・米洛（Kylie Minogue）的歌曲，現在可能會感覺到受人擺布的憤怒。然而，如果超市立意良善、設計高明，其實並不是一件壞事，這反而是有效過濾資訊的方法，也提升我們的購物與產品使用經驗。

針對包裝，感官資訊和產品經驗必須符合，俗話說得好：「朽木不可雕也。」充滿化學原料的廉價甜食放在自然材質包裝盒內，上面還有新鮮蔬果圖案，或許你會購買，但是大失所望後，就不會再買第二次。不過，如果包裝設計與材料的確傳達產品本質，你會覺得物有所值，而且吃起來更開心，因為你已經被「觸發」期待。

至於葡萄酒，你的選擇確實會受到音樂左右，但是研究也顯示，如果你在聽法式音樂時啜飲法國葡萄酒，酒喝起來會更美味。所以稍微留意一下買酒時的背景音樂，也能讓你在開瓶後更享受葡萄酒的滋味。

除了產品以外，這些感官上的購物設計還能讓整個購物行程更享受、更深刻，也更誘人，這是比網路購物更切身的「體驗」。隨著高級店面式微，門市逐漸轉向販售「體驗」，而不是貨架上的商品。有些店面甚至沒有任何庫存，鼓勵客戶直接上網訂購想要的商品。門市成為純粹體驗品牌的地方，提供數位世界缺乏的豐富溫暖互動。

身為消費者，而且每個人都是消費者，在行銷專家越來越高明的同時，重要的是留心身邊的環境，我們應該享受這些「技巧」，而不是被左右。正如生活的其他部分一樣，購物時也該運用五感，別對身邊的一切照單全收。

第八章

「嗅」色可餐

——氣味除了影響食物，還影響道德選擇

如果必須選擇喪失一項感官——視覺、聽覺或嗅覺，你的答案會是什麼？哪個會對幸福和生活品質有最大的影響？喪失視力一定很悲慘，從此以後世界一片漆黑，再也無法看見自己的孩子，不能看電影、欣賞藝術或令人屏息的風景，從穿衣服到煮飯，每個簡單動作都是難以想像的困難。喪失聽覺似乎也差不多，再也沒有音樂，聽不到最喜歡的歌曲，還有那種與世隔絕的感覺，整個生活呈現靜音狀態，你也再聽不見咖啡館的喧鬧，或菜市場的大呼小叫，家人、朋友在晚餐時的開懷交談，還有摯愛之人的聲音。

但是如果再也聞不到呢？食物的誘人香氣是多數人最無法割捨的，想一想再也無法聞到培根、咖啡或是剛出爐的麵包，還有大自然的氣息、夏日雨後剛割完草散發的清香，以及大地散發的幽香氣息。不過，失去這一切會和失去視力或聽力一樣糟糕嗎？相較之下，人生少了嗅覺的問題似乎小了一些。對我們這些有幸擁有健全五感的人來說，沒有視力和聽力簡直無法想像，但是聞不到似乎沒有那麼可怕。

然而，事實證明這種想法大錯特錯，嗅覺其實至關緊要。南卡羅萊納大學（University of South Carolina）的一個研究團體曾針對這個題目做了全面的文獻回顧，發現喪失嗅覺的人中有七六%深受憂鬱症、焦慮和疏離脆弱感所苦，這個比例遠遠超過失去聽力或視力的人。首先，失去嗅覺也等於失去味覺，因為兩者密不可分，無法品嘗食物不僅僅失去飲食的樂趣，也會失去胃口。喪失嗅覺的人通常表示不願意參加聚餐，因此失去很多和其他人互動的機會與體驗。此外，氣味是人類很重要的判斷工具，因為我們總是不斷搜索和家人、朋友、威脅、誘惑，以及他人肢體或情緒狀態相關的空氣分子線索。

後續討論性愛的章節會談到，氣味是性吸引力中威力最強大的感官。少了氣味，性慾和親密感將消失無蹤。無嗅覺人士也會因為無法察覺危險而焦慮，聞不到空氣裡的煙味或瓦斯味，也無法判斷食物是否腐壞。他們表示會因為聞不到自己是否有體味，以至於產生社交焦慮；這些問題加在一起，導致錯亂、疏離、焦慮的狀態。

拿走一種看似對生存影響不大的五感——「有了也不錯」那種，打擊卻嚴重到有些人甚至想輕生，這表示人類是如此多感官的存在。

我們的嗅覺是演化發展裡最古老也最原始的感官，大腦中處理氣味資訊的部分——嗅球，會引發大腦邊緣系統動作，後者是負責處理情緒的神經結構網絡，兩者緊密相連。嗅球距離邊緣系統中儲存記憶的位置只有三個神經突觸，而視覺皮層則距離邊緣系統數千個神經突觸。根據洛克斐勒大學（Rockefeller University）的研究指出，人們對氣味的短期記憶平均是任何視覺短期記憶的七倍之多。長期看來，氣味回憶是最鮮明也最富有感情的。關於「自傳式記憶」（Autobiographical Memory）這種能藉由感官刺激回憶生命過去片段的能力，最早的研究之一是來自賴德，他和同事費茲傑羅（H. B. Fitzgerald）進行調查，認為香氣是「兩百五十四名卓越男女的回憶興奮劑和思想促進器」。受試者對香氣的回憶平均可追溯到三十六年前，清晰且飽含情緒；將近四十年前的記憶重回心頭，只因為聞到一種味道。

這種效果被稱為「普魯斯特現象」（Proust Phenomenon），源於這位法國作家在《追憶似水年華》（*Remembrance of Things Past*）一書中的描述。在這個經常被引用的段落裡，作者回憶自己的童年回憶在吃瑪德蓮蘸茶時突然湧來，「事物的氣味和味道長時間矗立，像靈魂般隨時準備提醒我們。」

當氣味和味道帶來的是負面回憶時，情感通常會更強烈。想想年輕時曾一度讓你爛醉如泥的那款酒，對很多人來說是龍舌蘭；對我和其他在一九八〇年代倫敦長大的人而言，則是雷鳥（Thunderbird wine），只要輕輕一聞，那股噁心感瞬間回到身上。氣味比任何媒介都能引起噁心感，其來有自，因為這股連結源於嗅覺的原始作用。對人類來說，記住不好的氣味很重要，因為那是我們判斷危險或食物是否腐壞的根據，這對祖先的危急存亡非常重要，遠勝於勾起你在阿姨家下午茶或年少狂歡的回憶。

臭味影響道德選擇

當人們聞到臭味時，道德選擇會受到有趣的影響。研究證明，聞到令人作嘔的氣味時，我們會採取較嚴格的道德立場。史丹佛大學有一項研究，請一百二十名學生噴灑「屁味噴霧」後，在臭氣沖天的房間裡回答一連串道德判斷問題。受試者必須回答對問題描述情況的反感程度；有一題是關於有血緣表親的通婚合法化，另一題則是一個人選擇駕駛一小段路的車上班，而不是走路。臭味越濃，受試者對題目的反感度越大，但是只有三%的人承認自己受到氣味影響。

我曾利用這個結論替世界動物保護協會（World Animal Protection）設計活動，這是一個支持蓄養動物權的慈善組織。我們製作印有各種經典速食圖片的傳單——美國是一桶炸雞，英國則是培根三明治。傳單上有一個可撕標籤，打開後會飄散味道。傳單發送到路人手上後，活動人員會請他們撕開標籤嗅聞，而裡面是我們特別調製的臭味。接著，翻開傳單內頁，會出現可憐的農場雞隻或豬隻照片。在反感的情緒下，拿到傳單的人會更有道德批判意識。到了這一步，活動人員就會請對方連署停止工廠化養殖廠的請願案，活動非常順利，一共拿到兩萬份連署簽名。

活動順序也有情境安排；當你正看著炸雞圖片卻措手不及聞到臭味，心中的反感更甚。另一項研究顯示，同一股味道可能被解讀成正面或負面，端看如何包裝。布朗大學（Brown University）的瑞秋．赫茲（Rachel Herz）和茱莉亞．凡．克里夫（Julia von Clef）讓受試者嗅聞同一種氣味，但是給予不同的語言說明。當氣味被描述為「帕瑪森起司」時，受試者開心讚嘆；但是當同一種氣味被描述為「汗臭襪子」時，受試者馬上嚇得退避三舍。

氣味勾起生命中某些時刻的回憶

每個人各自都有一些具特殊意義的氣味，來自生命執中的某些時刻。不過，也有些氣味幾乎能引發大家類似的情緒。比方說，如果你的櫃子裡剛好有防曬乳，打開來——尤其如果現在正處於冬天，你需要一些活力的話。聞一聞，你覺得心情變好還是變壞？幾乎每個人都會覺得精神一振，這是因為用到防曬乳通常都是開心的時候，畢竟這股味道象徵夏天的到來，因此是美好的長日照和度假回憶，聞到就會勾起這些回憶。

我應該加句警語：如果你目前家有幼兒，這份正面情緒聯想可能會被迫切地想幫暴走的孩子塗抹防曬乳的壓力和憤怒所取代。但這應該是暫時的，只要孩子接受一定要擦防曬乳的命運，你就能在聞到氣味時重新享受那份喜悅。

我們應該在生活裡多禮讚嗅覺，多運用香氣，你可以用它來振奮精神，也能改善實際行為，像是更有生產力、做出健康選擇或更具自信，這些都會在本書中學到。你甚至可以來場感官時光旅行，安迪．沃荷（Andy Warhol）曾經每幾個月就換一次香水，如此一來，當他想要重溫某段時光時，只要打開當時使用的香水就能沉浸其中。

帶有個人意義的香氣，力量更是強大，所以請盡量蒐集嗅覺記憶。把旅行或某些重要體驗時的氣味寫下來，供日後參考。能夠穿梭在回憶裡的不同時光是美好的事，知道無論何時，想要提神或想充滿開心、性感、青春洋溢，甚至憤怒時，自己有一個隨時能啟動的私密開關真是棒透了。

第九章 一日之終在於暮

——木製家具讓你更放鬆

結束一整天的工作後，我們急需轉換自己的心情。經過一整天專注生產力、自信、合作互動和發揮創意，我們必須喊停。事實上，沒辦法喊停已經成為很多現代人的問題。

當我們回到家時，走入的是獨一無二的場景。每個家都不一樣，你的家可能是充滿孩子的喧鬧房屋，也許丈夫、妻子、伴侶或保母已經在家忙得團團轉；或是整間屋子裡只有你一個人；你或許和一群朋友分租；也可能是走進安靜卻溫馨，有寵物在等待的家。無論是什麼情況，我們都該努力從工作狀態轉化成家庭狀態，並且好好享受接下來的夜晚。多感官的方法是創造出有更多情感支持的空間，或是盡可能享受夜晚，不管計畫是什麼。這是一段你可以做回自己，並沉浸在喜愛事物的時光，所以越完美越好。

回家後的日常儀式

有一件大家都會做的事，就是踏進家門時會做出類似儀式的行為。也許你會站在走廊上，把鑰匙放進門邊的碟子，脫下鞋子和外套，然後歸位；也許是直接走進廚房，按下熱水壺的開關；或是一進門就直奔臥室，換下外出服。不管是什麼，多數人下班回到家都會有些一再重複的行為，這些儀式是從你習慣帶出門的東西和家中格局而自然形成的——在門邊的桌上放個碟子，不然總是找不到鑰匙；樓梯扶手就在眼前，非常適合用來掛外套。儀式也可以是刻意做出來的，做一件事象徵回到家，是擺脫工作情緒並開始夜晚的方法。按下熱水壺就是一個經典儀式，滾水在熱水壺中沸騰的聲音，帶來溫暖、舒適、友善和一種「家」的感覺。

儀式是享受日常生活的重要部分，在展開活動前先做貌似隨意的儀式，會激發回憶與情緒，儀式的重複性會創造出和下一個活動的情感連結。從運動員在賽跑前調整水壺的位置，到先用手指掰開 Kit Kat 巧克力棒，然後撕開錫箔包裝，這些儀式都被證實能提升表現與樂趣。

「回家儀式」也一樣，這是象徵工作已經結束，夜晚正式展開的重要行為。不管你晚上的計畫是在家看電視或出門跳舞，開始之前都需要畫上明確的句點。儀式的目的是冷靜身體和心靈，不過你不一定要冥想或做夢。結束一天的工作後，來一杯琴通尼調酒很有冷靜效果，同時也是獎勵，調製過程本身就是一種儀式。無論是什麼樣的儀式，只要會讓你投入並放慢腳步就好，放慢速度是畫下句點的第一步。

我們在白天的部分學了很多關於專注、放鬆，還有創造正念時刻的方法。現在就來彙整這些技巧，然後加上一點科學新知，一起用最棒的回家儀式展開夜晚。

▼購買鮮花

我們不斷提到植物和花朵的好處，能降低焦慮、幫助病痛康復，還有讓人交談與合作。在家裡放盆栽能促進身心健康，尤其是如果你家無法看見公園或樹木的情況下。東京某團體曾做過相關實驗證實這個理論，他們請受試者坐在一束玫瑰前四分鐘，另一組受試者則坐在另一間相同卻少了玫瑰的房間，接著每位受試者在連接監測儀器的狀態下回答一份問卷。結果發現，坐在玫瑰房間的人不僅心跳、呼吸速率較慢，回答問卷時也比較自在放鬆。

除了看著花朵的生理和心理益處外，挑選花束的過程本身就是愉快的儀式。這個舉動充滿關心與體貼；即使是買給自己，還是會有收到禮物的心情。拆開包裝紙、修剪花束裝瓶的過程，需要全神貫注卻又不會太困難，剛好能幫助你抽離思緒，冷靜心情，還可能帶來一些啟發靈感。日本的**花道**把這種精神提升到另一個層次，以花來表現情感、思考生活。你不用做到這個地步，但也不要只是將整把花插進瓶子裡，畢竟我們不會天天買花，所以拆開包裝紙，好好整理一下，也是儀式的一部分。在沒有新花束的日子裡，可以把花瓶移到靠近你活動的位置，只要一回家就會享受到從中帶來的愜意和生機。

▼觸摸木製品

進行玫瑰實驗的東京團體還做過另一項研究，認為觸摸木頭能減壓、安撫神經，並減緩心跳。這次的實驗是以十八名女性為受試者，首先請她們閉上眼睛坐一分鐘，然後把手放在一塊物體上九十秒。在受試者睜開眼睛前，研究人員會用布遮住長方體，因此受試者看不到是什麼物體。接著，受試者同樣在監測心跳和腦波的情況下回答一些問題。研究團體使用橡木、大理石、磁磚及不鏽鋼等不同材質的物體，進行好幾次相同的實驗。生理方面，大家在觸摸木材時最放鬆，不鏽鋼則造成腦部活動增加和壓力變大；心理方面，受試者表示觸摸木材時感覺更舒服自在、溫暖「自然」，不鏽鋼則讓她們出現冷漠的情緒。

幾項其他的研究也顯示，觸摸像是塑膠、丹寧布及不鏽鋼等人造材質，會讓血壓上升並形成壓力。這些研究的主持人宮崎良文認為，這種現象是因為他所說的「回歸自然理論」，有些類似先前提到的「親生命性」。宮崎良文撰寫許多關於森林浴療效的著作，相信人類和自然有與生俱來的羈絆，因為在漫長的種族演化史中，我們住在當代建築環境的時間只占了〇．〇一%。

宮崎良文相信，當我們接觸到任何和自然相關的物品，都會進入比較放鬆的狀態；在家裡使用自然材質能維繫這種羈絆，並且體驗自然對情緒和健康上的幫助。如果你家有木製餐桌，在下班回家後可以坐在餐桌前一會兒；或是可以用木製砧板盛放點心，不但能增加享受的樂趣，又能帶來獨有的自然連結。

▼照片是你的「社交零食」

家人與朋友、旅行地點、冒險體驗、童年時光等照片，是家中裝飾的重要部分，能具體提醒你與過去時光，還有和其他人的連結，這些東西被社會心理學家稱為「社交零食」（Social Snack）。

每次你走過照片或物品時，心情都會變好一些，回憶浮現且感覺不那麼孤單。這些零食對我們的心情大有幫助，幫助排遣孤獨的情緒，帶來歸屬感。它們也有頓時在空間裡注入溫暖的神奇力量，不管你的回家儀式是在哪一個地點，這些東西都應該擺放在顯眼處。無論你回家後直奔走廊、廚房或臥室，在牆上掛些照片或小物，就可以在脫鞋或調製飲品時欣賞，這樣能帶來更多家的感覺，也提醒自己你是誰。

▼真正的零食或至少一杯飲品

食物和飲料通常代表輕鬆時刻，也是在達成一定目標或完成任務後的獎勵，像是忙碌一天後，拎了一大堆購物袋和小孩回家。所以在回家儀式裡來點滋味是好事，揭開夜晚的序幕；況且飲食本來就有很多儀式，能夠延遲滿足、營造期待，然後讓你脫離過度思考狀態短促而重複的過程。比方說，打開葡萄酒瓶就有很強的儀式成分，找到開瓶器，撕開最外面的錫箔紙，拔出軟木塞，然後聞一聞，倒出葡萄酒，再聞一聞，最後淺嘗一口。這是漫長的過程，每個步驟都在提高你的期待，安撫神經，然後放鬆你的心情，葡萄酒尚未入口，就已經感覺身心靈受到撫慰。當然，你不一定要喝酒，任何食物或飲料的準備過程都能轉移心思，進入建設性分心，思考會放慢，然後或許會有意想不到的靈感。

當你坐下來享用準備好的成果，記得好好享受其中的滋味；一邊到處收拾髒衣服，一邊把東西塞進嘴巴並不是一件好事，這是需要正念體悟的時刻，讓自己專注在味道和口感，遠離吵雜躁動的心。

▼創造自己的「專屬香氣」

最後這個回家儀式要素，或許是感官力量最大的一個，關係到你的嗅覺。當你踏入一個空間，香氣立刻迎面而來，馬上給你已經到家的感官提醒。正如有些品牌把香氣當作和客戶建立情感連結的有力工具，你也可以創造香氣與美好居家感之間的聯想。給你的家一個感官特徵，一種聞到就會帶給你安全感、溫暖、自在的氣味。在大門邊放上擴香瓶，或是在進行回家儀式的房間擺放擴香儀，不然也可以用點燃芳香蠟燭作為回家儀式，幫助你轉換心情。

香味是一種個人選擇，等一下會討論到整個家裡的香氣。通常在我試著幫品牌找出感官特徵時，會採取反覆考驗的步驟。第一步是檢視品牌的個性，然後決定哪一種香味能體現它的特徵；這是一個漫長的過程，需要召開好幾次小組會議，然後使用一大疊便利貼。此外，我們也要思考香氣的功能：你希望這個香味產生什麼效果？在這個時間點，我們要的是迎接疲憊的靈魂，安撫並放慢身體和心靈的運作。

說到安撫香氣，曾提過檸檬烯，它存在於柑橘類水果或絲柏、松、雪松等木質精油裡，可以帶來身心放鬆。薰衣草也被證實具有安撫效果，許多花香也有。現在感官處方箋裡已經出現木質和鮮花，所以不管選擇哪種香味都能維持感官的一致性。很多其他的香味也具有安撫效果，從溫暖系的香草味，到明亮鮮活的柑橘或迷迭香都是。選擇適合你的味道，但關鍵是要規律持續地使用，讓每天一進門就聞到同一種香味，特別是工作結束回家時。

寫到這裡，還可以加入許多其他的感官元素。音樂的效果也很好，如果它能安撫你，讓你有回家的感覺，就播放吧！利用自動調溫器維持室內在固定溫度，則會添加另一層感官協調感。日復一日，只要每天重複相同的步驟，就會建立強大的情感開關，幫助你在下班回家後徹底轉換心情。

回家儀式的感官處方箋

- 鮮花：鮮花能撫慰人心，並帶來好心情，整理花束的過程也像是進入禪境。
- 材質：木質。大致上自然的材質都好，如果有木桌，就坐在桌前，或是像小餐館一樣，用木製砧板盛裝零食。
- 照片：在回家儀式發生的地點，擺放家人、朋友或精采體驗的照片。社交零食會提醒自己你是誰，讓你覺得並不孤單，心情更好。
- 味覺：吃點零食或喝杯飲料本身就是一種儀式，這種儀式多了另一層感官刺激，你也會因為專心品嘗美味而放慢腳步。
- 香氣：創造自己的居家「專屬香氣」，這能反映你的品味，也是在感官上提醒你已經回家了。

當回家儀式的效果充分發揮後，你可以開始規劃接下來的晚上時光，在整間屋子的氛圍裡應用多感官手法。我相信居家時光應該是充滿情感的旅程，不管在哪個房間都是如此，唯一要注意的是，每個房間都有正確的用途和合適的安排。

房間的情感及功能

要充分享受家居樂趣的關鍵心理條件，就是保持不同空間各自的屬性。每個房間或空間都有各自的目的和功能，我們應該加以尊重，不要擅自扭曲。臥室用來睡覺與做愛，而不是工作或看電視；客廳是用來休閒、放鬆、社交，可能也會做愛做的事，但不是在有客人來訪時。如果每個房間的目的不清，你就無法在不同的行為和情緒間順利切換。就像回家儀式象徵從工作到家庭的清楚轉變，我們應該讓移動地點代表某件事的結束和另一件事的開始。如果你一直在客廳工作，結束後要去哪裡休息呢？如果你和伴侶躺在床上，討論帳單與小孩的寒暑假安排，又該怎麼進入魚水之歡的心情或安穩入睡？把這些事情留給適合的房間，以不同的房間來切換心情與行為，用香氣和其他元素幫忙界定分野。

最近有一份調查試圖了解人們對家中不同房間的普遍情感聯想，研究人員請兩百位受試者針對不同房間選擇適當詞彙，來表達對那裡「最主要的情緒與期待」。結果如下，你可以看看自己是否認同：

▼玄關

「溫暖」是幾乎所有人都同意的，走進房子裡想要的第一感覺。

▼客廳

「放鬆」、「家庭」、「舒適」、「溫馨」和「凝聚力」是最常出現的幾個詞彙，選擇人數不相上下。

▼廚房

最多人選擇「組織規劃」，第二個受歡迎的詞彙包括「效率」、「家庭」、「豐盛」。

▼主臥室

「浪漫」獲得最多票，「舒適」、「放鬆」、「愛」和「隱私」也受到不少人青睞。

▼浴室

最受歡迎的相關詞彙是「放鬆」與「恢復活力」。

根據這些結果，可見廚房是最適合做家務和工作的地方，也可以交際與慶祝「豐盛」；客廳是必須感覺溫柔、舒適、建立凝聚力，不該是討論家庭財務的地點；浴室則必須感覺清新「有活力」，但也是能放鬆的所在。你可能習慣長時間待在臥室，和小孩玩耍或是與伴侶討論一些無聊的事，但親密感應該是最重要的，其他活動都會損耗親密感。另外，所有的研究都顯示，不在臥室內做其他活動會讓你睡得更香甜，要把臥室留給真正的夜晚。

我們可能不見得完全同意上述說的這些情感和功能，或許喜歡更交錯使用，而且很多人也沒有這麼多獨立的房間，很多事情都得在同一個地方進行。你還是應該試著做做看，詢問自己希望每個房間或空間體現的氛圍，然後看看能做些什麼來保持各自的「純粹」。當你知道房間的目的時，就能創造感官環境，賦予生命力。

除了室內設計翻修外，最簡單的方法是透過香味。香氣能輕鬆布置，而且可以隨著心情、目的、時間或季節變化。但是你應該考慮使用我所說的「體驗型」香氣，能讓我們回想過去經歷的味道，而不只是一般香水或香料。我們應該試著在整間屋子裡創造懷舊發現之旅，讓香氣勾起你的情感，娓娓道來其中的故事。

營造家的氣味

在討論如何在工作中發揮創意時，曾提到情感的時光之旅，就是用香氣的力量勾起過去的感覺，像是黏土味能激發創意思考。研究消費者心理學的烏爾里奇·歐斯（Ulrich Orth）教授做過研究，發現當氣味激發過往回憶時，會引起所謂「情緒積極反應」（Emotional-Motivational Response），這是一股會激發你發現新事物的正面衝動。研究團隊針對兩百八十一名受試者測試好幾種氣味，包括黑莓、肉桂及橙花，想找出哪一種最有引起舊日情懷的效果。結果烘焙香與割草香居冠，兩者都和情感活躍的生活時刻相連，而提醒我們過去經歷的香氣，激發出最強烈的情感。

我在工作上經常使用這種懷舊、「體驗型」香氣，人們會馬上被這些香氣觸動；這些味道訴說著這個地方的故事、房間裡的物品，還有整個空間的特色與功能，鼓勵人們感受某些情緒。我們通常會凸顯原有的氣味，有時候也會用比較抽象卻和空間情境有關的味道，目的是激發情緒或想法。舉例來說，之前替一家頂級車廠的展售門市設計香氛時，我們選擇能展現顧客對該品牌印象的香味，然後運用在不同角落。在展示汽車旁，你會聞到英國橡木味道，令人想起工藝和威望；在挑選汽車內裝的房間裡，淡淡的皮革味凸顯出陳列的材質樣品；付款區則聞起來有割草香，激發探險慾望，並讓顧客聯想到等一下可以在郊外驅車奔馳，坐在敞篷車上，風吹得髮絲飛揚。我們用的每種香氣都能提升空間質感和陳列商品，讓漫步在展售門市化身為一趟情感的發現之旅。

我們也應該用同樣的方法來挑選居家香氛，使用「體驗型」且懷舊的香氣，讓你在家的每分每秒都更有感覺也更充實。想想以前在度假時住的溫馨舊木造房屋，幻想自己踏入法國鄉村農舍的樸實廚房，就會有一股烘焙香迎面而來；門廊上是薰衣草和茉莉花的味道；走進客廳就會聞到壁爐飄出的柴火味，雖然和季節有點不符卻動人心弦，讓人沉浸在真實感受裡。通常在別致的房屋裡，我們都會仔細參觀，打開感官，好好品味豐富的體驗，發現各種小驚喜。所以為什麼不能在家裡這麼做呢？每走進一個房間都帶來感官上的沉醉，將會是樂趣無窮的體驗。

就像感官版社交零食一樣，你也可以打造充滿回憶的氛圍，訴說你的個人故事，提醒你來自家人與朋友的溫暖，還有深具意義的地方。這是你可以盡情玩耍，嘗試不同香氣的大好機會，以下是幾個入門香氣建議：

▼木質香

雪松、英國橡木及檀香味，都對房間和情緒有很好的效果。溫暖的木質調能帶來工藝與真實感，運用在商店和飯店大廳則會增加「奢華」、「昂貴」的感覺。根據宮崎良文的「回歸自然理論」，木質香也有安撫作用。另一項日本研究測量雪松精油的效用，發現能紓解壓力與焦慮。如果房間裡有很多木質家具或鋪設木地板，若有似無的木質香會勾勒出材質的自然之美，它也有溫暖的特徵，可以用在玄關。

▼割草香

在家裡使用割草香似乎有點奇怪，卻能馬上讓房間變得鮮活，如果房間內有明亮色彩及柔軟自然材質更是完美搭配。這種味道能帶來開放空間的感覺，也在感官環境中添加「回歸自然」要素。誠如歐斯教授關於香氣和懷舊回憶的研究結果，割草香會讓人出現追求感官刺激的行為，適合用在想要鼓勵體驗的空間，像是一家人團聚的客廳。我曾替英國夏季水果（British Summer Fruits）管理機構做過一項研究，結果發現，對英國民眾來說，聞到割草香和品嚐草莓是最能帶來幸福感的兩大感官刺激，同時發生時更是如此。

在一項二〇一五年進行的全國最受歡迎氣味調查裡，割草香排名第三，緊追在烤麵包香和油煎培根香之後。它也是一種容易取得的氣味；我通常使用白松香精油，這是割草時會產生的關鍵成分。這種精油不難找，而且因為極具渲染力，很多調香師和品牌都以此為基調，製作家用薰香、香水或香氛蠟燭。

▼洗衣香

剛洗乾淨的寢具非常好聞，誰不喜歡鑽進剛洗好床單的感覺？這種味道也令人想起戶外和新鮮空氣，或許是因為我們會聯想到一整排床單掛在晒衣繩上迎風飛揚的畫面。在工作上，我曾在為一家旅館設計感官體驗「繭」時使用洗衣香。整個場景的設計是讓人可以坐在繭內，上方有投射在螢幕的藍天白雲畫面，可以聽見微風吹拂，也能聞到洗衣香，這三個元素完美搭配，營造出安撫、清新又能恢復活力的環境。

某大洗衣精品牌做的一項研究顯示，與沒有味道或柑橘香相比，人們在聞到洗衣香時，會覺得一疊白色床單看起來更乾淨也更潔白。洗衣香不難購買。你可以早上在臥室使用，也可以用在客廳，會感覺更乾淨清新，彷彿有春天的微風吹過。

▼潮土油（雨後芬芳）

潮土油是指夏季大雨過後的味道，由於陽光熱度，植物、泥土、馬路和人行道表面的天然油脂與細菌浮上表面；當雨滴落下時，油脂會釋放到空氣中，於是出現這股美麗、濃烈的味道。潮土油很能勾起情感，因為它只出現在一切條件都吻合的夏天，對很多人來說，都是充滿回憶的時光。但是我們的聯想可能不只如此，澳洲人類學家相信，人類和潮土油有演化上的聯繫，因為它代表夏季的初雨及祖先賴以為生的穀物豐收。現在，潮土油單純是一股美麗懷舊的香氣。

調香師調製出的潮土油香氛產品，幾乎可用於任何空間，但浴室或許是最適合的，濕漉漉的地板和蓮蓬頭灑水的聲音，再加上夏日的雨後芬芳，讓完美的感官環境得以完整。如果你想在浴室裡有放鬆與再生的感覺，潮土油是完美的解答。

▼香草和香料

同事喬和我曾在一家英國熱門高級商場的食品部冬季蔬菜區使用新鮮香草味——鼠尾草、迷迭香和月桂葉，這種味道帶來傍晚家中的溫馨感情，彷彿聞到爐子上正在沸騰的豐盛料理。這個香味也讓蔬菜看來更可口，因此消費者會買得更多。冬春交替之際，我們改換另一種味道，因為春天來了，貨架上的蔬果也會煥然一新。

食物的氣味令人愉悅又回味無窮，使用香草和其他香味食材則可以勾起某些時光、經驗及旅行的回憶。聞到丁香會想起聖誕節，而玫瑰水則可能帶你回到上一次的摩洛哥假期，我們都有屬於自己的味覺回憶，也有許多文化上的共同回憶。食物的香氣吸引人們齊聚一堂，也是能表達你人生故事的橋梁。

家裡廚房的香味應該反應你的生活、季節及希望吃的食物。在冬天可能是鼠尾草、月桂葉和迷迭香，夏天則是羅勒與新鮮番茄（對我來說，這象徵普羅旺斯的假期）。旅行時，品嘗當地料理，然後記住關鍵的香料和香草，之後只要帶一些回家就可以隨時重現回憶。為了達到效果，你可以使用真材實料：把新鮮香草和其他有香味的材料放在碗盤裡，讓它們自然散發香氣。若有需要也可以加上一點精油，能增加廚房「效率」、「有組織」的氣氛。比方說，薄荷和肉桂能提高生產力，並幫助集中精神。

▼香草、焦糖和所有的好香氣

香草是香水裡常見的成分，但也算是「體驗型」香氣，因為我們經常在食物裡發現香草的蹤跡，它和焦糖、巧克力、草莓等常會令人聯想到療癒食物，進而有療癒幸福的感覺。焦糖或香草氣味的吸引力，完全不亞於看著巧克力蛋糕抹上厚厚的鮮奶油。有一項研究試著定義氣味與觸覺之間的關聯，發現香甜氣味會讓人聯想到柔軟滑順的觸感，而且聞著香草味會讓柔軟材質感覺更柔軟。購物空間如果飄散香草或焦糖香味，顧客會走得更慢且購買更昂貴的商品。濃郁甜美的香氣也會賦予空間緩慢、流暢、療癒和奢華的氛圍。這類香氣很適合睡覺時間以外的臥室，或是想要待在燈光昏暗的客廳休息時。

上述建議只是一個起點，還有許多其他「體驗型」香氛可以在家裡使用，幫助界定並提升不同房間的情緒與功能。想想你最有感覺的香氣味道，針對你希望在不同房間裡感受到的情感，挑選使用的香氣。

喚起舊日情懷是充滿樂趣的消遣，對你也大有好處，目前已證明能降低焦慮，讓我們覺得更寬容開放，還能增進大腦的某些運作功能，最後這一點也是懷舊越來越常出現在失智症和其他退化性疾病治療的關鍵原因。在北達科他州立大學（North Dakota State University），心理學家證實花時間回想往事回憶的人較認同「我的人生有其目的」，可見一些回憶能讓人更肯定人生。中國的一項研究則顯示，溫暖的回憶確實能帶來暖意。請待在冰冷房間的受試者追憶往日，沉浸其中的人都表示感覺暖和許多。

拉長閒適時光

晚上似乎轉眼就過了，你做了幾件事，然後突然到了睡覺時間。如果可以讓這段時間變得更長就太棒了，幸好有了感官科學，現在我們的確做得到。正如在下班前利用感官處方箋來加快時間流逝感，也有能放慢時間腳步的處方箋。

▼快板音樂

如果小調慢板音樂能加快時間流逝，大調快板音樂應該就能放慢時間的腳步，這一點已經獲得研究證實。有一項實驗證實，音樂越輕快活潑，時間就會過得越慢。在一間位於波爾多的實驗室內，受試者必須坐在小房間裡聆聽音樂，首先回答是否覺得好聽、感覺放鬆或興奮，最後則會請他們評估樂曲有多長。當音樂節奏很快時，大家判斷的歌曲長度增加，一分鐘的歌感覺像是一分半。另外，越是「令人興奮」的歌曲，也會讓人感覺時間過得慢，一分鐘的歌可能會覺得是一分四十五秒。

研究人員也把整首歌從結尾開始播放，讓人聽不出來是哪首歌曲，也不覺得好聽，結果時間變慢的效果一樣。越快、越歡樂的音樂，時間拉長的感覺就越明顯。音樂好聽與否，並不會影響我們對時間的感知，唯一關鍵是節奏。

▼生氣蓬勃的顏色——紅色或黃色

之前提到的研究發現，藍色能加快時間的流逝感，比較鮮明溫暖的顏色則會出現相反效果。在一項請受試者判斷網頁下載時間的實驗裡，螢幕背景是黃色的話，受試者會覺得時間過得最慢。如果你想進一步提升刺激感，紅色永遠是最興奮、刺激的顏色。紅色與黃色在感官上都能和諧搭配快板音樂，所以上網瀏覽或悠閒自在時可以在旁邊放一點紅色或黃色物品。搭配上快板音樂，你可能會覺得放鬆了半個小時，但是實際上只過了十五分鐘。

▼明亮光線

再晚一點時，你應該把家裡的燈光調暗，把吸頂燈開到最亮，不會有什麼好結果。強烈刺眼的光線會讓你看起來感覺疲倦，也不那麼好看。讓屋內所有細節都一覽無遺的燈光，會讓你隨時擔心注意家中的一切，無法放鬆。不過現在這個時刻，明亮光線會增加你的警覺度，並讓時間慢下來。你不需要把家裡變得和辦公室一樣亮，這樣會破壞我們為了轉換心情所營造的放鬆環境，但是可以打開廚房的燈，或處理家中庶務時，在身邊放一盞明亮的檯燈。

▼無味或臭味

用氣味來放慢時間腳步是一件弔詭的事，因為所有的研究都證明，香味會加速時間流逝。不過，如果房間裡充斥的是不好聞的味道，時間馬上會慢下來。一群法國研究人員請受試者坐在小房間裡，然後判斷一段白噪音的時間長短。受試者戴著防塵面罩，有一半的面罩噴上癸酸，散發另人作嘔的汗臭味。毫無意外地，被分到惡臭面罩的可憐受試者覺得度日如年，味道縈繞不散。這種應用並不是很讓人愉快，但是如果你真的想延長傍晚時分，可以噴上一點討厭的味道；或是如果你剛好有正值青春期的兒子，坐在他的房間裡也會有一樣的效果。

放慢時間腳步的感官處方箋

- 音樂：快速刺激，播放歡樂的快板音樂。
- 顏色：紅色或黃色——讓你警覺度更高的刺激色彩。
- 光線：明亮——在這個時段可以調亮燈光，搭配四周的活力氣氛。

• **氣味**：我不認為你會這麼做，但是臭味可以拉長時間感。如果你真的想延長傍晚時光，就別點上任何香氛蠟燭。

在輕快舞曲和明亮紅光下，你可能會覺得自己彷彿置身柏林的紅燈區。但是照著處方箋來，趁這時候處理該處理的庶務，等你抬頭時就會驚訝地發現，其實沒有花費太多的時間。夜晚還很長；從這裡開始，你會真正享受到多感官生活的樂趣。不管你在做什麼，統合感官環境都會帶來更棒的體驗。下一段會談談一頓融合所有感官的體驗式晚餐，但是我想先提供你或許會有興趣的幾個活動想法。

打造家庭式體驗電影院（或劇院）

體驗式經濟正流行，過去十年來，從巧克力商到運動品牌都試著為消費者提供體驗式消費。現在信奉的教條是ＰＥＴ：目的（Purpose）、經驗（Experience）、話題性（Talkability），這表示活動必須有品牌目的，然後帶給幸運的參加者能彰顯目的之特殊體驗，讓他們擁有可以和其他人分享的特殊回憶。

過去十年來，我參與很多這類體驗式活動的設計過程。為了保證經歷充分體現品牌目的，一定要研究感官科學：什麼樣的聲音、香氣、滋味、顏色、觸感和行為會傳達正確訊息？答案就是一份用來設計活動的感官處方箋。好好執行，你就會享有「優加性效應」，所有元素相輔相成，因此反過來會提升每種元素。

體驗式活動受到熱烈歡迎，證明大家對此有多麼喜愛，到處都有主題式晚餐和品酒的體驗（下一章會詳述），還有多感官藝術展覽及沉浸式劇院。大受歡迎的神祕密劇院（Secret Cinema）已經從地下藝術活動晉升為迪士尼（Disney）等龍頭公司的簽約對象。在祕密電影院的活動裡，場地、服飾、食物、飲料和電影全都是精心安排的一部分，觀眾像是坐著雲霄飛車，在充滿巧思的環境裡進行一場發現之旅。就像我們在陌生城市四處遊走的感覺一樣，電影院裡處處都有小驚喜，只不過驚喜程度爆表，每分每秒都值得和朋友分享，或是激發出足以改變生活的靈感火花。

所以，既然晚上是娛樂感官生活的開端，何不在家打造屬於自己的沉浸式劇院？這是有科學根據的，因為「優加性」效應的關係，當感官上每個環節都和諧一致時，所有部分都會樂趣加倍。你不需要每一次都全力以赴，只要在按下播放鍵前，先針對要觀看的內容，安排一些讓看電影變得更有趣的感官加溫計。即使是平日夜晚，只要搭配合適的食物和飲料，也能讓電影更立體、有趣。舉例來說，我最近和兒子路易斯觀看《復仇者聯盟》（*The Avengers*），動手做了一排沾上「浩克（Hulk）醬」（染綠美乃滋）的「東尼・史塔克（Tony Stark）漢堡」和「美國隊長（Captain America）炸薯條」，還把房間燈光變成藍色與紅色，路易斯穿上超級英雄裝（一如往常，這個孩子是衣著認知高手），然後在準備食物時，一邊聽電影原聲帶，在家看電影突然變成非常特別的體驗。

接下來以幾部經典電影為例，分享一些簡單的做法：

《大亨小傳》（*The Great Gatsby*）

- 電影開始前，先播放一些傳統爵士樂。
- 飲品是伏特加馬丁尼或香檳。

- 做點鮭魚迷你鬆餅或其他零食。
- 噴上卡朗香水（Caron）的金色菸草（Tabac Blond），這是最能代表一九二〇年代紙醉金迷的味道，如果你想自己調配，主要成分有皮革、鳶尾花、岩蘭草、依蘭、雪松、廣藿香、香草、龍涎香和麝香。

《教父》（*The Godfather*）、《四海好傢伙》（*Goodfellas*）或其他黑幫電影

- 播放《教父》主題曲或是路易斯．普利馬（Louis Prima）、法蘭克．辛納屈（Frank Sinatra）的歌，換成其他「黑幫」類歌曲也行。
- 煮一大盤香腸番茄醬義大利麵（記得搭配薄如蟬翼的蒜片）。
- 喝來自義大利西西里島的黑達沃拉紅酒（Nero d'Avola）。
- 準備義式甜餡煎餅捲當零食。

《黑色追緝令》（*Pulp Fiction*）

- 看片之前，先播放電影原聲帶來聽。
- 用鳳梨片當材料，做大卡湖納式（Big Kahuna）漢堡。
- 想辦法做出「五元奶昔」，材料隨便你，但加一點波本酒是不錯的選擇。

追劇是一種常見的娛樂，也是布置場景的最佳時刻，接下來好幾個小時，或許你會進入不同的世界。

《唐頓莊園》（*Downton Abbey*）

- 在茶几鋪上燙得筆挺的白色桌巾，記得要精準地擺放餐具。
- 用茶壺和茶杯喝雞尾酒，或是乾脆喝茶。
- 做一點愛德華時代的開胃菜，像是紅醬生蠔、黃瓜三明治或瑪莉夫人蟹餅。
- 噴灑佛手柑精油，這是伯爵茶的關鍵香味。

《浴血黑幫》(*Peaky Blinders*)

- 倒一杯黑啤酒或威士忌。
- 在房間裡製造一點菸味。

《權力遊戲》(*Game of Thrones*)

- 把啤酒倒在超級大啤酒杯裡(如果有的話,蜂蜜酒會更好)。
- 做一盤麵包、肉、起司拼盤,食材全部切成大塊。

感官式旅遊規劃

上網蒐集度假或活動規劃的資訊,有時候一開始很興奮,但是最後卻以沮喪和決策疲勞收尾。如果能先在房間內布置出相互呼應的感官環境,你的情緒就會慢慢帶動追求探索的行為，讓規劃過程變得更有趣。

要安排海灘假期或冬季避寒假期的話：

- 用海浪拍打聲和熱帶鳥鳴聲做背景。
- 挑選一些能讓你想起目的地的音樂。
- 抹一些防曬乳在手上，但是小心別滴到電腦或平板上。

如果你已經決定目的地，但是還沒有預訂機票、住宿，可以買一些當地零食或烹煮當地料理：

- 如果你想去地中海，可以來一盤火腿和橄欖。
- 想去泰國的話，可以吃春捲。
- 想去南美洲，塔可餅是絕佳選擇。

如果你想進行週末都市輕旅行，可以用類似方法來營造興奮感：

- 研究在紐約要到哪些餐廳用餐時，如果可以聽路·瑞德（Lou Reed）、傑斯（Jay-Z）或喬治·蓋希文（George Gershwin）的音樂會更興味盎然，要怎麼選擇就看你想體驗紐約的哪一部分。
- 你也可以在觀賞經典紐約電影時一邊研究，像是《曼哈頓》（*Manhattan*）、《上班女郎》（*Working Girl*）、《計程車司機》（*Taxi Driver*）等。

只要花時間布置，創造出和諧的感官氛圍，你就會更享受在家裡的每一刻。

現在我們正式踏入感官體驗有趣的部分，接下來就是之前所有感官元素的終極應用：感官品名與用餐。這是所有感官同時登場的時刻，而且有更多的神奇多感官理論替你帶來頂級的用餐經驗，但是我想先談談味覺。

第十章 酸甜苦辣鹹與其他

——用嗅覺也能讓人「喝到」威士忌

味覺是很難獨立運作的感官，因為我們對味道的感知取決於很多其他因素。飲食絕對是多感官過程，我們的情緒與環境都有重大影響，就像前言中提及的普羅旺斯玫瑰酒悖論。在下一章會談到，從聽的音樂、酒杯形狀到餐具重量，都會影響我們的味覺認知。

透過嗅覺讓人「喝到」威士忌

首先，滋味和香氣密不可分。專家認為，人們體驗到的滋味至少有八〇%來自於氣味；我們都有感冒鼻塞時進食，或是為了吞下難吃的藥而屏住呼吸的經驗，確實如此。我曾用這個理論設計翰格俱樂部威士忌〔Haig Club，其中一位老闆是大衛・貝克漢（David Beckham）〕的創意品嘗法，用於無法試喝酒類樣品國家的機場內，阿拉伯聯合大公國、越南和新加坡都是這樣的「暗黑市場」，但是威士忌的利潤又極為可觀。既然試飲是招攬新客戶的最佳辦法，公司的挑戰是如何在不「喝下」威士忌的情況下，讓顧客品嘗到翰格俱樂部威士忌的風味。我們決定訴諸香氣，和釀酒大師合作，先找出這支酒明確的風味內涵，然後創造聞起來有試喝感的香氣。這種味道聞起來不像威士忌，如果你倒一點翰格俱樂部威士忌嗅聞，衝入鼻子的先是些許酒味，然後是較清爽的香氣，但是喝起來其實有點甜，而且厚重濃稠，帶著香蕉麵包與布里歐麵包的滋味。我們調製出非常接近翰格俱樂部威士忌喝在口中味道的香氣，有著濃郁的甜味與濃稠度。

我們把這股香氣摻入藍色墨水中，並刻製翰格俱樂部的紋飾印章。「試飲」時，促銷人員會攔下顧客，然後詢問：「你想試試翰格俱樂部威士忌嗎？」對方同意的話，促銷人員就會把沾了藍色墨水的印章蓋在顧客手背上，然後請顧客舉起手來乾杯，接著把手背放到嘴邊，彷彿啜飲一般，鼻子就會嗅到墨水的香氣。聞到這股強烈香氣，顧客就能在不喝酒的狀態下，體驗到威士忌的滋味。

鹹、甜、酸、苦味之外的其他味覺

氣味有數百萬種，但是味覺只有五種。有很長一段時間，味覺其實只有鹹、甜、酸、苦四種，但是鮮味在一九〇八年出現了。第一位發現鮮味的是日本化學教授池田菊苗，這是一種能從香菇、番茄、魚露等食材中嘗到的美味。一般認為這五種就是人類舌頭能品嘗的所有滋味，透過味蕾辨識食物裡的胺基酸化合物，然後傳遞訊息給大腦。五種滋味更有其演化目的：甜味是要偵測碳水化合物，鹹味是要偵測礦物質，酸味是為了酸，苦味是為了毒，而鮮味是為了蛋白質。不過，也有很多理論認為，舌頭其實能品嘗到更多味道。

辣味當然是其中之一，但我們感覺到的辣其實是某種形式的痛感。辣椒的主要化合物是辣椒素，會觸發舌頭上擔任分子溫度計的觸覺接受器。這些接受器通常在超過一定溫度時才會啟動，但是辣椒素降低感受熱度的啟動標準。所以嚴格來說，辣味不算是味覺，比較接近觸覺。

另一種可能的第六味是鮮味的同伴，叫做「濃郁味」（Kokumi），意指「充實飽和」或「心滿意足」。濃郁味是一種滋味在嘴裡蔓延開來、餘韻無窮的感覺，它是能增加其他滋味深度的促進劑。問題在於，這究竟是一種味道，還是一種感覺。

濃郁味最早是由味之素實驗室在一九八九年發現，該公司創辦人就是發現鮮味的池田菊苗。從大蒜提煉出來，沒有味道的胺基酸化合物，一旦加入其他味道，突然就會出現濃郁飽滿的特徵。於是科學家開始尋找能帶來食物滿足暖心感的這類胺基酸，之後陸續在帕瑪森和高達起司、干貝、酵母、洋蔥及啤酒中發現它的存在。濃郁味在舌頭上能觸動的味蕾和鮮味相同，演化目的應該也一樣是為了偵測蛋白質，這就是有些人認為濃郁味應該被列為一種味道的原因。

就像味精（人工合成的純鮮味成分）被用來增添罐頭食品和加工肉類的風味，也被用來平衡低鹽食物的味道，未來濃郁味可能被用來提升產品暖心的感覺，或是用來改善減脂食品。目前還看不出來添加濃郁味會有潛在的健康風險和造假，不過對新世代的大廚來說，自然食材的濃郁味是增添舌尖感受的利器。添加富含濃郁味的食材就能讓食物產生滿足暖心感，如同鮮味現在是烹煮出美食的要件。

金屬味是另一種可能的味道，那是在我們嘗到血液、鼠尾草等香料，還有舌頭碰到金屬時的感覺。嘴裡出現金屬味，也可能是懷孕初期症狀，或是健康狀況的警訊，包括腎臟、肝臟問題，甚至是失智症。所以舌頭絕對能感覺到金屬味，也能解釋它的演化目的是為了提醒許多生理變化，但它究竟算不算是一種味道尚無定論，目前還沒有人能在舌頭上找出金屬味受體，而這是其他味道都具備的。

金屬味是一種略帶刺激的獨特感受，目前理論認為它有部分的電擊成分。康乃爾大學研究人員證實，在舌頭上微量電擊也能複製出金屬味，就像你用舌頭碰觸九伏特電池的感覺。在實驗中電擊舌頭時，受試者即使捏住鼻子也能嘗到金屬味，但是用舌頭品嘗硫酸鐵時，如果捏著鼻子就嘗不出味道。這表示真正的金屬味有一部分來自舌頭上味覺受體的電擊刺激這種觸覺感知，然後有一部分則是來自「鼻後」嗅覺的滋味，所以不能算是「味道」。

我們品嘗到的很多其他東西，可能是也可能不是「味道」。有理論認為，油脂或乳脂是一種味道，但這可能只是和濃郁味及鮮味相關的感受。我們可以嘗到鈣味，背後也有演化理論支持，因為飲食中含鈣對身體健康很重要。自來水和羽衣甘藍、菠菜等蔬菜裡就能吃到鈣味，通常被形容成苦苦酸酸，帶點鹼味。科學家目前已經在老鼠身上發現兩組品嘗鈣味的基因，理論上人類應該也會有一樣的基因。

與眾不同的超級味覺者

如果你真的很痛恨苦味蔬菜，又不喜歡過度油膩的滋味，可能就是所謂的「超級味覺者」。所有的人不是味盲者、中等味覺者，就是超級味覺者；超級味覺者不代表很會品嘗食物，而是體內基因讓你對苦味和油味特別敏感。超級味覺者通常偏瘦，因為不吃那麼多油，而且通常稍微缺鐵與缺鈣。要判斷自己是不是超級味覺者，可以做一項測試，只要把浸泡過硫月尿酮（Propylthiouracil）的薄紙片放在舌頭上。這是一種無害的化學品，味盲者感覺不出任何味道，中等味覺者會有感覺卻不強烈，但是對超級味覺者來說，這張紙會有很噁心的味道，簡直無法忍受。我曾做過群體測試，結果非常有趣，你會看到有一群人大呼噁心，然後另一群人的心裡想著：「你到底在說什麼？」不是超級味覺者的人完全無法理解。如果你一直沒來由地討厭球芽甘藍和菠菜，甚至小時候還因此受到父母責罰，其實不是你難搞，你可能只是超級味覺者。

除了味道的種類外，「感覺」和對味道的「認知」其實有所不同。剛才談論的都是舌頭與鼻子接收到的資訊，但我們的味覺體驗其實最容易受到情緒和其他感官的影響，這也是我有肥鴨（The Fat Duck）等知名餐廳、馬莎百貨（Mark & Spencer）等食品零售商，還有威士忌、高級巧克力、量販冰淇淋製造商等很多食品與飲料界客戶的原因。把其他感官納入味覺體驗的考量，能讓飲食變得更享受，也會更印象深刻。

我們的味覺是多重感官生活中最引人入勝的冒險區域，因為在這裡所有的感官和情緒都交錯融合，你立刻知道這些感官是無法分開的，和我們原先以為的不同。從某方面來說，我相信提升味覺體驗能帶來生活上最大的改變，正如本身開始踏入多感官世界後的生活經驗一樣。現在就馬上進入下一章，一起探索多感官飲食的神奇。

第十一章 餐桌上的盛宴

——酒類在圓形玻璃杯中嘗起來更甜

飲食是我們能投入的最跨感官活動，在我的經驗裡，如果問一屋子的人在吃東西時會用到哪些感官，通常五感都有機會被提到。當然，最多的答案是味覺和嗅覺。有人同意我們也會用眼睛吃東西，好看的食物讓人胃口大開；也有人會提到觸覺，考慮到食物的口感變化多端；然後或許有人會說聽覺，因為有咀嚼和吸食吞嚥的聲音，這也是用餐的一部分。所以你看，所有的主要感官都到齊了。

不過，這個答案只有部分正確，這些元素都是飲食體驗的一部分，但全都是以食物為出發點，從食物的外觀、氣味、觸感和品嘗時的聲音，完全沒有考慮到用餐者周圍的事物。要找出五感對用餐的真正影響，必須留心盤子的顏色、桌巾、房間及燈光；餐具或杯子的觸感、餐巾的材質與椅子的舒適度；房間裡的聲音、播放的音樂，還有對食物的描述；再擴大一點，整個房間的氣氛和你當下的心情，這些元素都會左右我們對食物口味的認知。

飲食的關鍵在於體驗，回想一下前言裡提到的普羅旺斯玫瑰酒悖論，當我們坐在能一覽鄉間景色的餐館裡，一瓶兩歐元的玫瑰酒好喝到不可思議。回想一下，你在生命中吃過最好吃的東西，裡面都有很大的感情因素。我們最懷念的餐點通常是在很多條件匯集下，創造出完美場景的時刻；海邊小屋的度假大餐、全家人圍坐桌邊的節日慶祝餐會，以及一群朋友合辦的夏日烤肉會。在所有的情況裡，地點、情感、同伴、味道都構成完美感官處方箋的一部分，創造出幸福回憶。正如普羅旺斯玫瑰酒悖論，我們知道只要和諧一致地運用感官來打造用餐經驗，食物與飲料就會更加美味。

「用餐體驗」被當成少數高級餐廳的專屬領域，由赫斯頓．布魯門索（Heston Blumenthal）、格蘭特．阿卡茲（Grant Achatz）、保羅．佩萊（Paul Pairet）等名廚引領風潮，但是其實我們在家也能做到。從選擇對的音樂搭配，到創造沉浸式多感官晚餐派對，成功關鍵是了解味覺的感官科學理論。

為了深入探索這個神奇世界，先想像一下，有一群朋友要來家裡用餐，然後你打算全力以赴，帶給大家一場挑逗感官，讓所有人之後讚嘆不已的沉浸式用餐體驗。

感官晚餐派對的順序如下：

一、香氛調酒：感官雞尾酒。

二、開胃菜。

二、主菜：提升菜餚的感官布置。

四、舌尖上的繞口令：顏色及口味的挑戰。

五、甜點：盡興的放縱。

六、餐後酒。

備餐注意事項

在客人抵達前，有幾個部分要考慮。想讓這頓晚餐成為最棒的體驗，並凸顯美食佳釀，你應該仔細注意布置和整體氣氛。

▼餐具

我們曾在餐廳做過實驗，一半的客人使用沉重的正式宴會餐具，另一半客人則使用輕巧便宜的食堂刀叉。大家的食物一模一樣，使用沉重餐具的客人會覺得自己的食物很精美，喜愛度較高，據統計，美味度高出一一％，而且他們願意支付的價格也高出一四％。

▼藝術擺盤

在討論視覺的威力時，我曾以牛津大學跨感官實驗室的「康丁斯基之味」實驗為例，闡明擺盤對食物滋味的影響有多大。當盤中食物以藝術風的方式呈現時，大家都覺得餐點品質較佳，也更好吃。前面提到的沉重餐具實驗裡，其實也包括擺盤是否會影響顧客對食物的評價。結果發現，越有「大廚架式」的擺盤，會讓人越喜愛盤中的食物。我們用眼睛吃東西，所以擺盤越有創意越好（但是也別太過頭），即使只是在食物上滴一些油，或裝飾一些香草。

▼賓客參與

客人的參與度端視你希望晚宴規格的「米其林」（Michelin）程度而定，可以是每個人自行從中間大餐盤取用，也可以是每個人分到一小壺醬汁，然後指導大家如何優美地倒入餐盤。任何請客人動手備餐的動作，都會增加他們對食物的特殊情感，這是稱為「宜家效應」(IKEA Effect)的現象。該詞彙是由哈佛商學院教授麥克・諾頓(Michael Norton)在二〇一一年提出，他進行一系列實驗，評估人們對自行組裝的宜家家居家具(IKEA)、樂高(Lego)積木和日式摺紙的感情。參與創作過程並能親手觸碰，會使人覺得物品更美、更喜愛、價值更高。實驗要求一群受試者各自組裝一件普通的宜家家居家具，然後和其他非自行組裝的家具一起拍賣。幾乎每個人都出價競標自己組裝的家具，而且與沒有自己動手的人相比，他們平均願意多付三八%的價格。同樣的實驗換成日式摺紙，摺紙人的出價幾乎是一般人的五倍之多，因為在一般人眼裡，這些摺紙只有業餘水準。

順著這項發現，瑞士學者進一步證明宜家效應也會發生在食物上，越有感情的食物吃起來越美味，也會吃得越多。在實驗中，受試者必須飲用其他人做的奶昔，或是自己按照食譜動手調製。面對自己做的奶昔，受試者覺得喝起來更天然、更好喝，而且飲用量也會比別人做的奶昔來得多。

或許這表示你應該讓客人自行動手煮晚餐，不過他們並不需要全面參與餐點製作，只要一點小任務即可發揮宜家效應。有一則關於一九五〇年代速成蛋糕粉的有趣行銷故事，講述的是同樣的道理。該款蛋糕粉剛上市時，業績慘不忍睹，當時的家庭主婦對產品非常無感，因為烹調過程太簡單，掌廚者的角色可有可無。後來廠商重新包裝產品，再度上市，做了一些更動，這一次消費者必須自行把蛋打入蛋糕粉裡。產品瞬間熱賣，過程中一個簡單的小動作，讓消費者覺得烤出來的蛋糕是自己的作品。

客人的參與甚至可以和烹飪無關。回到哈佛商學院的實驗，諾頓的團隊曾要求一百名左右的學生做一些很隨興的儀式，像是吃巧克力棒前敲三下桌面，然後吃胡蘿蔔前敲一下桌面。不管哪一種，學生在做完這些無意義的儀式後，都會更喜歡口中的食物，花費更多時間品嘗，也吃得更多。部分原因是這些儀式稍微延遲進食的時間，因而對食物的渴望逐漸升高，但是學生也覺得自己主動參與整個過程。讓客人自己倒醬汁，或是自行從大餐盤中取食，都是類似的儀式。或許如果真的要加強效果，可以清楚指導客人幾個需要動手的步驟，你的朋友會覺得更有參與感、更投入，也會吃得更多，更重要的是，他們會愛上這頓晚餐。

▼美酒歌單——依照酒單來挑選音樂

我們都知道美食要搭配對的葡萄酒，為什麼不考慮搭配葡萄酒的音樂呢？啜飲白蘇維儂葡萄酒時，一邊聽金髮美女樂團的〈玻璃之心〉（Heart of Glass），酒的清新爽口度會高出一五％，因為這首歌本身十分清新活潑。研究顯示，針對食物和飲料的情感特質搭配音樂，會更一致地凸顯美味。該領域最活躍的研究者之一是，來自愛丁堡赫瑞瓦特大學（Heriot-Watt University）生命科學院的阿卓恩．諾斯（Adrian North），他證明當音樂和酒的「情感相符」時，酒總是更好喝；這表示該用輕快歡樂的音樂搭配白酒，強烈激昂的音樂則適合紅酒。有一項實驗請受試者先在沒有任何背景音樂下，評價一款馬爾貝克（Malbec）紅酒，接著研究人員播放卡爾．奧福（Carl Orff）的〈布蘭詩歌〉（Carmina Burana），請受試者再次品嘗紅酒。在音樂相伴下，受試者認為酒比之前多出一五％的醇厚濃烈。

有個不錯的測試方法是，各倒一杯紅酒和一杯白酒，然後看看播放不同音樂時，你會伸手拿哪一杯。兩杯酒放在面前，然後播放金髮美女樂團的歌曲（在心裡或真的播放出來都好），你會直覺地想選哪一杯呢？我很確定你會想喝冰涼的白酒。接著，播放賽吉．甘斯柏（Serge Gainsbourg）和碧姬．芭杜（Brigette Bardot）的〈邦妮與克萊德〉（Bonnie and

Clyde），現在哪一杯看起來比較可口？我希望這一次你選的是紅酒。不同的音樂會想搭配不同的酒似乎合情合理，但比較讓人意想不到的是，如果兩者搭配正確的酒會更好喝，反之則會變得難喝。千萬別在喝馬爾貝克紅酒時聽黛比．哈利（Debbie Harry）的歌曲，因為她的歌聲會凸顯酒中的丹寧，破壞口感平衡。

要達成完美的音酒搭配，考慮的不只是歌曲情感，還包括樂器演奏和其他特質。〈玻璃之心〉這首歌的每項元素都帶著清新歡快感，吉他多高音，而且乾淨有活力，銅鈸清脆俐落。哈利的聲音高亢而通透。〈邦妮與克萊德〉也一樣，音樂低沉厚重，帶點粗糙質地，甘斯柏的聲音低沉沙啞，芭杜則是低沉滑順。所有的特徵加在一起，形成能和葡萄酒特質相互呼應的情感。

一旦了解其中道理，就能彙整哪些音樂特質可以用來搭配挑選的哪一款酒。當然，這些筆記也可以運用在食物搭配上，道理都相同。

以下是針對不同口感紅酒與白酒的重點整理，當中還有供你參考的音樂曲目。我盡可能推薦不同領域的音樂，不過這只是一個起點，之後你可以依照個人喜好選擇搭配歌曲。

酒體輕盈的白酒（白蘇維儂、阿爾巴利諾、綠維特利納、灰皮諾）

情緒：興奮、正面、快樂。

聲音：高音、斷奏音、乾淨清脆。

樂器：急促奔放的吉他、高音響亮的鐘聲、清脆的銅鈸和其他打擊樂器。

歌曲範例：金髮美女樂團的〈玻璃之心〉、佛利伍麥克（Fleetwood Mac）的〈每一處〉（Everywhere）、羅西音樂（Roxy Music）的〈愛情是藥〉（Love is the Drug）。

酒體飽滿的白酒（夏多內、維歐尼耶、榭密雍）

情緒：中等節奏，比酒體輕盈的白酒再沉穩一點，但仍正面積極。

聲音：柔和、圓潤明亮。豐富飽滿，高音或中音（還是不要低音）。

樂器：弦樂，旋律緩慢的吉他。滑順的合成器、柔和的背景人聲。

歌曲範例：赫理斯樂團（Hollies）的〈我呼吸的空氣〉（The Air that I Breathe）、狐狸艦隊樂團（Fleet Foxes）的〈米克諾斯島〉（Mykonos）、暴龍樂團（T. Rex）的〈宇宙舞者〉（Cosmic Dancer）。

酒體輕盈的紅酒（加美、黑皮諾）

情緒：輕鬆、歡樂，中板到快板的節奏。

聲音：低音，多點貝斯，少一些清脆高音。斷奏音，然後帶點粗糙。

樂器：奔放的電貝斯與吉他。柔和圓潤的合成器。弦樂、管樂。

歌曲範例：臉部特寫樂團（Talking Heads）的〈一定是這裡〉（This Must Be the Place）、史提利．丹（Steely Dan）的〈再做一次〉（Do it Again）、吸血鬼週末樂團（Vampire Weekend）的〈鱈魚角夸莎舞〉（Cape Cod Kwassa Kwassa）。

酒體飽滿的紅酒（卡本內蘇維儂、馬爾貝克、希哈、田帕尼優、波爾多）

情緒：戲劇化、大膽、嚴肅，有一點傲慢。

聲音：低音，渾厚的音質，有點粗糙和共鳴。中板到慢板的節奏。

樂器：貝斯，帶點沙啞的低音人聲。少許吉他變奏、無伴奏吉他。弦樂、長號。

歌曲範例：甘斯柏的〈邦妮與克萊德〉、湯姆．威茲（Tom Waits）的〈心臟病與藤蔓〉（Heartattack and Vine）、李察・哈里（Richard Hawley）的〈跋涉過我的時光之水〉（(Wading Through) The Waters of My Time）。

跨感官晚餐派對

菜餚準備好，鋪上桌巾，音樂也安排妥當，晚餐派對開始，以下會依序介紹一整晚的感官驚喜和發現。

首先，我們將以多感官雞尾酒體驗揭開序幕，這是帶動歡樂氣氛與活絡感官的好方法。

▼一杯酒可以嘗試搭配多種香氣

「香氛調酒」（Aroma Mixology）這個詞彙，是我過去替一家威士忌酒廠開發某些概念時創造的；我想探索世界各地的雞尾酒，又不想偏離蘇格蘭斯佩賽產區（Speyside）頂級釀酒廠費盡苦心雕琢出單一純麥的純淨。以添加香氣來取代倒入其他液體，就能在不稀釋威士忌的情況下調製出雞尾酒，更棒的是，一杯飲料就可以嘗試好多不同的「香氣搭配」。配對不同香氣，甚至有時候兩到三種香氣在一起，是非常好玩的，而且作為感官晚餐體驗的開場，客人會聚焦在感官，出現躍躍欲試的心情。此外，還能鼓勵大家在嘗試新配方時彼此互動交談。

▼首先，準備一杯飲料

可以是一杯簡單的琴通寧或伏特加通寧，以陳年蘭姆酒或威士忌等醇厚烈酒調製的飲品效果也很好，因為能搭配更多精采香氛。

最棒的做法是在要飲用時，把氣味抹在大拇指和食指指背的中間，這樣舉杯到嘴邊時就會聞到。在你啜飲時，用鼻子呼吸。兩種風味感官，一種用嘴，另一種透過鼻子，就會在腦海裡融合，然後就像在喝一杯飲料。這就是香氛調酒！你也可以在左右手分別抹上不同味道，兩手輪流交替，同時享受兩杯雞尾酒。

▼陳列材料

你可以在廚房桌面上擺設誘人的香草和香料，能馬上激起客人的期待，也能挑動他們的感官。把材料放在碗裡讓客人取用，又多了觸覺的體驗。拿迷迭香在手背上搓一搓，這種氣味會增添飲料的風味。然後繼續堆疊氣味，放上洋茴香。接下來就是大家自己動手的時間了，最好每個人都調製出不同的組合，以下是一些建議：

- 柑橘類果皮：柳橙、檸檬、萊姆或葡萄柚
- 薑
- 迷迭香
- 新鮮薄荷
- 芫荽子或小豆蔻莢（在杵臼中現搗）

如果是「體驗型香氛」，能用的就不只是香料和香草，你可以盡量發揮想像力！

- 松針
- 鮮花

- 剛割下的草
- 菸草
- 鉛筆屑

▼精油與試香紙

精油瓶罐看起來會有瘋狂科學家分子料理的感覺，擺出一瓶瓶的香氛精油，旁邊準備好一疊試香紙（香水店那種），然後把試香紙浸到瓶子裡。在你啜飲時，把試香紙放在鼻子旁。這個方法的好處是，可以一次使用好幾種不同香氛的試香紙，嘗試一些瘋狂的組合。青草、柳橙、香草和蘭姆酒，還要加點什麼嗎？

現在每個人的感官都進入追求感受發現模式，該開始上菜了。

開胃菜

你的目標是，隨著整頓晚餐派對的每道菜來調整感官氣氛，讓盤中的食物更加美味；透過燈光色調與亮度的調整，在桌上噴一點香氛，播放一些充滿情調的音樂。但是別忘了，真正的重點仍然是食物，我們是要提升食物的美味，而不是喧賓奪主。

開胃菜的內容由你決定，但是為了示範說明，為大家創造和諧感官氛圍的靈感，將以新鮮海鮮做開胃菜。

音樂方面，你應該準備好適合酒體輕盈白酒的曲目。你可以持續播放，但是加上另一層音景（或許可以把藍牙音響藏在桌子底下），也可以直接轉換到下一種氣氛。不管哪一種，我們都將重現全球最佳餐廳中的一道著名美食。

▼讓海鮮搭配海岸音景

在肥鴨這家由創意十足的狂熱科學家主廚布魯門索領軍的米其林三星餐廳，享用套餐是一趟發現之旅。用餐約一小時後，會上到第七道菜，大概也是菜單上最知名的品項：「海之聲」（Sound of the Sea）。我很榮幸地參與這道非凡佳餚的創作，負責打造其中的音景。一座美麗的玻璃架橫放在小沙灘上，出現在你的面前，上面擺放生魚片、木薯「沙」、海洋泡沫和醃漬海帶，你同時也會拿到連接著一對耳機的大貝殼。大貝殼裡的迷你 iPod 正播放著我打造的音景，是海浪拍打和海鷗飛翔的聲音。你被告知在開動前先戴上耳機，然後就瞬間移動到海邊。聽覺和味覺的組合是如此協調，讓魚肉吃起來更新鮮、更有滋味，也更有樂趣。幾件事正在同時產生作用；特殊的前置動作讓你處於意料之外的期待狀態，對不同的事物更有接受力。聲音則讓你的心情更好——大多數人聽到海浪拍打聲都會聯想到正面回憶，而且我們已知舊日回憶有正向情緒作用，還會啟動追求感受的行為。此外，海邊回憶也會觸動其他的感官。你或許會想到海洋的氣味——海草、濕濕的沙灘與石頭、新鮮海風、海浪拍擊在岸上時噴向臉頰的細細水氣。在海邊小木屋大嚼現開生蠔的回憶可能會湧上心頭，這些感官回憶與情感全都會提升你的味覺感受。

▼釋放海風氣味

端上開胃菜時，在桌上用香氛機釋放香氣，會帶來神奇的一刻，讓客人的臉上綻放笑容。如果可以的話，試著尋找另一種常用的「體驗型香氣」，通常稱為「臭氧」或「海風」，這種香水嘗試複製站在海岸或航行時，會聞到的那種新鮮、有臭氧，帶著鹽和海藻的味道。如果找不到，也可以挑選開胃菜本身的氣味之一，像是泡了新鮮時蘿或柑橘的水。

▼燈光調亮

亮一點，不需要把燈光開到最大，造成客人不舒服，但是稍微調亮一些，能增加食物的鮮度和海邊的氣氛。

主菜

我們假設你在這道菜安排美味可口的鹹食，如燒烤肉類或美味的炙烤白花椰菜，配菜可能是自己採的蕈菇。

▼秋天森林音景

這類菜品的主題可以是秋天的森林，葉子被風吹起的騷動，以及積落在地上的聲音；樹枝嘎嘎作響；遠方傳來貓頭鷹的叫聲及啄木鳥的敲啄聲，這些全都能搭配蕈菇的質樸鮮美，還有白花椰菜或烤肉的煙燻木香。

▼昏暗燈光或蠟燭

在上每一道菜前調整燈光，但這不只是為了增添美味——晚餐派對的重點是體驗，而光線的改變能讓大家注意到有事要發生了；它標誌了某個時刻，就像吹生日蛋糕蠟燭前會先關燈。以這道主菜來說，請點上蠟燭、調暗燈光，光線越接近橘黃色越好。

▼煙燻柴火香

最後一項感官魔法是，端上盤子前在桌上噴灑和諧的香氛。我會選擇能搭配音景、昏黃蠟燭的煙燻味，它會讓人以為置身在藍嶺山脈上的小木屋裡。

挑戰味蕾的小實驗

在主菜和甜點之間，有個能戲耍一下客人味蕾的小實驗，用顏色來改變挑戰他們的味覺認知。遊戲規則是端給客人兩或三種不同味道的果凍，每種都是「錯」的顏色（像是紫色的柳橙味果凍），然後請他們猜果凍的口味。他們應該會吃出完全錯誤的味道，或是至少很難判斷。

這是因為顏色對味覺上的期待影響巨大，有時甚至完全蓋過嘴裡的味道。如果顏色和味道不符，我們不是會吃到大腦以為的味道，像是品酒專家被染成紅色的白酒欺騙那樣，就是會吃出完全不同的滋味。我曾在倫敦西區的西區購物中心（Westfield Shopping Centre）舉辦一場活動，主題是容易被操控的味覺。在房間裡，我們把不同的果汁染成其他顏色，然後詢問喝的人能否猜出是哪一種果汁，染成紅色的蘋果汁被很多人當成櫻桃汁，黃色的水則被認為有檸檬的味道。另一項類似的研究則是請小孩吃香草冰淇淋，當同一款冰淇淋染成咖啡色後，小孩全都認為是巧克力冰淇淋。另外，研究人員也把分別染成紅色和黃色，但其實沒有任何味道的果凍分給小孩，結果小孩表示紅色吃起來是草莓味，黃色則是檸檬味。

果凍挑戰不難準備，而且這個帶著分子料理風格的小插曲看起來很新潮，朋友或許會大感驚豔。

一、製作兩或三種不同口味的果凍。

二、製作時，使用無味食用色素把果凍染成不一致的顏色，例如：

- 檸檬口味，染紅色。
- 蘋果口味，染藍色。
- 柑橘口味，染綠色。

如果你喜歡冒險，也可以試試鹹味果凍：

- 金黃色甜菜根果凍，染成黃色能增加出乎意料的效果。
- 胡蘿蔔口味，染成黑色。

三、把果凍放在淺盤上，方便切成一樣大小的塊狀

四、在長形的盤子上排成一列，然後端給客人，調亮燈光，以便看清楚果凍顏色。

五、請朋友邊吃邊猜，他們很可能一個都猜不中。

甜點

為了畫下完美句點，我們將使用感官氛圍讓療癒的甜點更撫慰人心。我將會以巧克力起司蛋糕搭配新鮮覆盆子和糖漬覆盆子為例，所有令人沉迷的顏色與線索都在盤子上，我們只需要發揮到淋漓盡致。

▼深沉飽滿的顏色

深沉飽滿的顏色會令人本能地聯想到深奧甘醇的滋味。如果是購買草莓，你應該也會選擇外觀鮮紅欲滴，而不是略顯淡色、偏白的草莓；我們知道豔紅的草莓最好吃，因為顏色的鮮豔與飽和度，永遠代表某種品質的加分，像是口味、濃度或甜度。所以圍繞著這道放縱甜點的顏色應該也要深沉飽滿，不管是豔麗的紅、暗沉的巧克力棕或雪白的鮮奶油。

- 端上甜點時，順便為客人送上明亮暖色的餐巾。
- 用紅色、棕色或黑色等深色餐盤盛放甜點。

• 調暗燈光或設定成溫暖的琥珀色光。

▼圓形

之前提及人們會把甜味和圓融、流動的形狀做連結。乳香或放縱感的連結也相同，所以這時候別用方形餐盤盛裝甜點。但不只是餐盤，試著在每個地方做圓形布置，你可以選用圓湯匙，或是把甜點本身做成圓形。幾年前，甜食品牌吉百利（Cadbury）改版推出知名的牛奶巧克力棒就採用圓弧形，上市後立刻收到很多抱怨，認為吉百利不該改變成分，提高甜度，但是除了形狀以外，吉百利其實什麼都沒有更動。

▼滑順柔軟的材質

客人摸到的每樣東西都應該反映甜點的豐富口感。桌巾應該是濃豔、閃亮又柔軟的材質，像是絲綢或絨布料，這種觸感會讓大腦注意到其他感官傳遞而來的相似感受。如果手裡握著粗麻布餐巾，或許你會馬上注意到巧克力起司蛋糕裡的顆粒。所以，盡量讓每件物品都像你預期的甜點一樣柔滑如絲。

▼巧克力氣味

噴點巧克力香氛或是點上香草口味的蠟燭，絕對有錦上添花的效果。但是記得別太早布置，否則客人可能會提早獲得感官上的滿足，反而只想來一點水果。在客人舉起沉重的圓湯匙正要舀下時這麼做，絕對能讓甜點的療癒感更上一層樓。

▼「甜美」的音樂

此時的背景音樂也可以強調這份甜蜜滋味，我曾和肥鴨餐廳的喬奇．皮特里（Jocky Petrie）、史特凡．寇瑟（Stefan Cosser），還有牛津大學跨感官實驗室的史賓斯、安席爾薇．克里西諾（Anne-Sylvie Crisinel）一起合作，為一項研究計畫創造出有科學證據支持的「香甜」聲音。整個創作過程可以說是我踏入神經科學研究的初步嘗試。在創作海之味的音景後，皮特里、寇瑟和我都充滿想進一步探索聲音對味道影響的渴望。

起初，我閱讀所有探討聲音和味道交錯關係的研究報告。這些研究證明某些類型的音樂確實會讓人聯想到甜味和其他味道，包括酸、鹹、苦和鮮味。界定聲音味道的方法有很多，有人請音樂家「來點甜的音樂」，然後讓他們即興演出；也有人請受試者坐在合成器鍵盤前，而後請他們找出哪些聲音符合哪種味道。所有的研究都顯示，人們把甜味連結到高音大調，樂器則是鋼琴或鐘聲；苦味總是偏低音，特別是音質粗糙的樂器，如長號或提琴演奏出的慢板長音。但是看完所有研究後，我也發現沒有人從另一種角度出發，創造「甜味」和「苦味」音樂，並觀察這些音樂對味覺的影響。

我決定自行創作兩段會改變味道的音樂，皮特里和寇瑟則製作傳統英國甜點「蜂窩糖」，這種糖吃起來甜，但也帶點燒焦的苦味。我們帶著樂曲與甜點來到牛津大學跨感官實驗室，史賓斯教授在此設計一個實驗來測試我們的理論。受試者頭戴耳機，坐在小房間裡，研究問卷上的題目，包括味道有多甜或多苦、是舌頭上哪個部位嘗到的味道，還有他們對味道的喜好程度。實驗開始後，受試者會拿到一小碟食物，必須在吃完後填寫問卷，而且一邊吃，耳機裡會傳來其中一種音樂；接著，音樂變了，受試者拿到第二碟食物，流程相同。受試者不曉得這兩碟食物其實一樣都是蜂窩糖，但是因為音樂不同，有些人回答很甜，有些人則說很苦；有人回答在舌頭前端嘗到味道（耳機播放甜味音樂時），有人則說是在舌頭的後端（耳機播放苦味音樂時）；而且聽甜味音樂時，對蜂窩糖的喜好度會更高。

最後的論文〈苦甜參半的交響樂：改變背景配樂的聲音屬性來調整食物口味〉（A

Bittersweet Symphony: Modulating the Taste of Food by Changing the Sonic Properties of the Soundtrack Playing in the Background），是我第一次的研究發表，根據研究結果，甜味音樂會增加食物一七％的甜度。

餐後酒

吃完餐點，大家應該都心滿意足，也有點感官疲勞，現在該是以烈酒來畫下句點的時候了，我也會在本節談談觸碰認知和觸覺對味覺的影響。

我們碰觸到的所有形狀和觸感，都會指引大腦尋找相互呼應的滋味，進而凸顯這些味道。就好像你站在一排味道鍵盤前，然後調高某些味道的音量，所以在滋味協奏曲中，它們聽起來更大聲。

重點是找出你想要放大的滋味，然後選擇相互呼應的材質或形狀來提醒我們的感官。我在不久前就用這個方法，替一家國際啤酒廠設計亞洲市場的啤酒杯。放眼全球，人類的不同偏好在個別文化中其實頗為一致；與東歐地區相比，亞洲國家的人通常喜歡偏甜的口味，而且不愛苦味。比方說，在中國和台灣銷量最好的威士忌都是較甜的酒款；越南啤酒的口味偏甜，但捷克的啤酒就偏苦。僱用我的這個國際啤酒品牌生產一款口感均衡的啤酒，不過還是比較接近西方口味偏好——有一點苦，所以在亞洲市場的接受度低於其他拉格啤酒。我根據感官科學發想出設計重點：圓形酒杯，舉起酒杯時，手指接觸的握柄帶著圓形觸感，然後在喝酒時可以看見杯底有紅色圓點。這款酒杯增加啤酒的甜度，亞洲消費者喜歡這種滋味，酒廠也不需要花費數百萬美元研發偏甜的啤酒配方。

你可以根據餐後酒和喜好的風味挑選合適的酒杯。杯子的作用可以是平衡某種味道，也可以是加強它，像是用「甜味杯」喝偏苦的內格羅尼雞尾酒，或用「苦味杯」來凸顯苦味。找出自己喜好的最佳辦法就是不斷嘗試，把喜歡的餐後酒倒進不同杯子裡，看看哪一杯最合胃口，然後你就會有每種烈酒的專屬杯。以下建議供你參考：

- **甜味、飽滿、濃稠**：手感沉重、觸感平滑的圓形杯。杯口處流暢圓潤，這樣你的嘴巴也能接觸到甜味形狀。

- **酸味**：尖銳、有角度的形狀和質地，會讓你注意到柑橘或酸味，讓它們更突出，有稜角也會讓酒喝起來更清新。
- **香料**：粗糙、鋸齒狀、不規則觸感，會增加飲品中香料的衝擊力，像香料蘭姆酒或辣椒帕洛瑪雞尾酒。如果飲料有苦味，粗糙質感也會強調嘴裡的苦味。
- **煙燻和木質味**：杯子不一定要是玻璃杯，帶點粗糙質感的陶瓷杯或木杯能帶出木香或煙燻稻草香，這種杯子也很適合所有在橡木桶裡成熟的飲品。
- **乾淨純粹的原味**：乾淨單純的玻璃杯，沒有任何花紋且輕巧，這種杯子能讓飲品盡可能接近原味，提升純粹感，適合細緻的風味口感。

說到底，上述所有的感官訣竅並不是盛大晚宴的專屬待遇，其實餐餐都適用。試著用小細節營造和諧的用餐環境，就能充分享受眼前的美食佳釀，記得要選擇對的杯子、餐具、碗盤。

我們已經探索完五大基本感官，現在可以更進一步來看看熟知五感以外的世界。

第十二章 五感以外的世界

——對向火車駛離讓你以為自己在移動

本書已談過視覺、聽覺、嗅覺、味覺和觸覺這五大感官，但是事情沒那麼簡單。就像我們不該假設每項感官獨立運作，認定人們的各種體驗完全來自這五感也不正確。目前對感官數量的看法從九種到三十多種都有，就看你怎麼界定。

基本五大感官的確是人和環境的主要連結，所以本書絕大部分的篇幅都在討論五感。想要活得更豐富有感，我們最強調的是外部刺激：聲音、氣味、顏色、形狀、燈光、質地、重量，還有其他習以為常或被忽略的一切，這些都是可以被控制、安排的感官經驗條件。

但是很多對自我的感受或認知，還有體內的作用，其實並未涵蓋在亞里斯多德時代定義的五感之內，我們應該觀照其他逐漸受到關注的內在感知能力，下述這幾項能力或許你正在使用卻不自知：

▼本體感覺

閉上眼睛，舉起手。現在雙眼保持緊閉，然後觸碰自己的鼻子。你找得到嗎？很好，這就是本體感覺（Proprioception），這是能察覺肢體所在位置的能力，是一種「表意識或潛意識裡對關節位置的覺察」，無關視覺、嗅覺、味覺或聽覺，也算不上是觸覺。少了它，會很難走路或做任何事。我們通常會在酒醉時喪失本體感覺，這就是我們無法走直線，或酒測時警察請你摸自己鼻子的原因。運動員通常有特別敏銳的本體感覺，因為它和捉、踢、打等精確肌肉動作控制有關。雖然我們很少注意，但本體感覺是生活的基本能力，很多人認為這是第六種感官。

▼平衡

你坐得直嗎？如果答案是肯定的，你一定有平衡感，否則就會頭暈目眩地倒在地上。我們習慣把平衡歸類於感官，像是「那個走鋼索的人平衡感真好」，卻不會把平衡感和五大感官歸為一類。

負責人體平衡感的前庭系統位於內耳，卻和聽力沒有直接關係，聽障人士一樣可以玩滑板。只有在內耳發炎時，平衡感和聽力才會交互影響。不過，聲音有時候的確能讓你失去平衡，大概有一%的人在一生中會經歷「圖利歐現象」（Tullio Phenomenon），這是由義大利生物學家皮耶索．圖利歐（Pietro Tullio）在一九二九年發現。當小提琴或喇叭等發出的巨大聲響刺激前庭系統時，人會反射性翻白眼，因為大腦覺得頭部發生問題，接著患者會完全喪失平衡，直到聲音停止，內耳裡的液體散去為止。

由此看來，平衡感其實也與視力有關。身體似乎有一套順序：平衡器官命令眼睛做調整，接著肢體彌補視線不足，以保持身體穩定。這解釋視線為什麼能欺騙我們失去平衡感，在電視上看到雲霄飛車會頭暈，或是戴上虛擬實境頭戴裝置會在平地上踉蹌不已，但是我們閉上雙眼時，平衡感依然存在，所以並不是仰賴視線。平衡感是來自獨立系統的獨立感官，不過的確會受到其他感官影響混淆，是我們多重感官經驗世界的另一角色。

▼運動覺

你曾搭乘停靠在月台的火車，透過窗戶看到對向鐵軌的火車，突然覺得自己在前進，結果發現其實是另一列火車駛離？你以為自己在動，其實是因為視線欺騙了你的運動覺

（Kinesthesia）。運動覺和本體感覺很像，但有一個不同之處：本體感覺是感知自身肢體在立體空間的位置，運動覺則是感知你的肢體和自己是否在動。

前面曾介紹的哲學與感官專家史密斯，用一個很棒的例子說明反向跨感官作用和運動覺如何一起改變視覺。史密斯先請你想像自己坐在正等待起飛的飛機裡，如果你順著走道看向機艙門，會發現飛機呈現水平狀態，因為門和你的視線同高。當飛機起飛衝向雲層時，再看一次走道和門；就會清楚看見門比你高，且機身正在朝上，但是你的視野其實和之前一模一樣。你坐的位置和機艙門之間的對應關係完全沒有改變，但是現在門看起來卻變高了，這是因為運動覺和平衡感告訴你，身體正在往上飛，於是你的視覺調整到符合認知的狀態。

▼內在體感

你餓嗎？如何得知？答案是內在體感（Interoception）！這是體內感受的覺察，像是飢餓、胃部緊繃、覺得快要生病，或是需要上廁所。體內持續監測內部的接收器，讓你隨時掌握這些感覺，提醒你採取行為來調節身體。

內在體感是自我認知的重要部分；了解自己的身體，並擁有「身體屬於我」的認知，是感受自我的關鍵。父母也該和正在發展並了解自己的子女討論內在體感，很多時候孩子的內在體感遭到否認，小孩說餓了，父母說你不餓；小孩說累了，父母說怎麼可能，這會讓人非常困惑。

內在體感的資訊也是我們形成並感受情緒的基礎，帶來達馬吉歐所說的「軀體標記」（Somatic Marker），和某種情感關聯的感覺會成為產生該情感的象徵。當你靠近某個人，然後心跳加速，感覺激動，由於你之前有過相同的經驗，因此知道自己陷入愛河。

這股情感和激動感或許會連結到對方的氣味，所以內在感受情緒與外部感官刺激之間形成連動。下一次當你聞到氣味時，就會引發激動並勾起感情；或是氣味先勾起感情，然後造成激動，事件發生的順序並無定論，而且可能和當下狀況有關。但可以肯定的是，如果沒有內在體感，你根本沒機會體驗為愛激動的感覺。

▼磁感

強烈的方向感其實也可能是感官的一種，磁感（Magnetoreception）聽起來像是變種人的能力，但它的意思只是能察覺地球磁場，並非控制金屬的某種精神力。已知很多動物都有磁感能力，像是往南遷徙過冬的鳥類，還有老鼠、蝙蝠、蟾蜍，甚至某些軟體動物，但是大家總認為人類缺乏磁感。

然而，加州理工學院（California Institute of Technology）近期一份研究顯示，人們的確有磁感。受試者坐在法拉第籠（Faraday Cage，譯注：金屬或良導體製作的箱子）內，四周有一個不斷移動的磁場，研究人員一邊測量受試者的腦波活動。結果發現磁場對腦波活動有「特定且重複的影響」，這代表人體確實存在一種感應電磁場的內建生物能力。研究人員認為，人們可能隨著時間逐漸失去對磁力的意識覺察。儘管如此，很多人都曾自然而然地依賴自身方向感，即使只是在陌生城市行走時，對旅館位置有概念的簡單情況。

候選感官名單可以繼續增加，就看你的分類標準和對感官的定義。有人想把感官細分成更多種：溫度判斷算是觸覺（我在本書的歸類），還是完全獨立的溫度感？有些科學家會說感覺熱是一種感官，冷又是另一種，一種感覺很快就變成三種。疼痛也可以是單一感官——傷害感（Nociception），脫離觸覺範圍。還有一種理論是視覺可以分成顏色感知和動作感知。依照這種分法，五感很快就會變成二十感以上。

當我們放寬對感官的定義時，感官數目也會激增。熟悉感、幽默感、自尊感、正義感和美感，這些算不算？每個人絕對都有這些能力，只是程度不同，可能天生豐富，也可能突然喪失。有個故事是關於一個人因為意外失明，並沒有讓他的聽力變得敏銳，而是培養出很強烈的特殊感覺，雖然看不到，卻能熱情地慶祝生日或週年紀念日。

因為科學和哲學看法眾說紛紜，人類有多少感官至今仍無標準答案。但是即使我們採用合理的定義，也合併計算一些選項（如熱感、痛覺都歸類為觸覺），我想人類還是至少有七到九種感官。無論幾種，重點是沒有一項感官獨立運作，大聲的音樂會破壞平衡感，氣味會令人感覺飢餓。我相信我們能找出一種香味，讓你覺得自己的手臂不在原位，或是多喝幾杯酒也能做到。無論程度高低，人類都是多重感官的生命形態；我們越認清這個事實，越使用所有感官，就會對自己和環境越了解，生活也會過得更好。

第十三章 黑夜裡的浪漫

——讓性愛更美好的香氣與音樂

客人回家了，感官全開，對食物和體驗的渴望都獲得滿足。當你和伴侶拖著疲憊的腳步走向對方，心裡想的是：「誰該洗碗呢？」不過，一旦清理所有的香氛、香料、芳香機、果凍模具，還有收起燈光設備與隱藏喇叭後，你的心思或許會飄向親密時光。除了吃以外，人類最多重感官的體驗就是性愛。

很少遇到請我以親密行為這個主題進行感官設計的客戶，但有一次我們的任務是提升性生活的氣氛和樂趣，客戶請我們協助開發一款名叫「神祕氣氛」（Mystery Vibe）的創新按摩棒，現在這款產品是情趣用品市場的熱銷商品之一。該產品的獨特賣點在於彈性多變，可以折成任何形狀，而且有六個獨立開關的馬達，能自行調整出多種刺激程度和模式。我加入時，產品正處於原型階段，而我的任務是提供設計建議，讓產品在接觸客戶時表達出更多親暱感、緊密感及個人性，同時也要點燃對性愛的期待。

產品的平面設計大量使用流動彎曲的形狀，神祕氣氛的廣告和手機應用程式裡的音效則是輕聲呢喃，甚至連拉開盒子發出的都是輕輕的「噓」聲。包裝材料散發出甜美的香氣，按摩器放在像眼罩一樣雙層材質的方格小包裡，每處質地都柔軟卻扎實，等待使用者觸碰探索。

我和團隊提出感官加強建議的過程總是大同小異，一開始先搜尋所有相關的研究文獻。當我們發現如何利用不同感官來傳遞「關鍵特質」（以這件商品來說，是親暱感、緊密感、個人性、期待）後，由我負責找出適合產品與品牌的關聯，還有定義出每次感官互動希望激發的感覺和情緒。神祕氣氛專案很棘手，因為越深入研究性愛相關的心理學與科學，就越難確定什麼是正確的理論，每個人關於性品味、喜好和經驗都不一樣，而且每一種都能激發情慾。

不過，還是有某些聲音、香氣、顏色及形狀，對所有人都有一樣的心理影響，這是無法迴避也無關個人的部分。在性愛發生前與過程中，人們接收到的感官訊號其實都和做愛最原始的演化目的相關，在所有樂趣與快感的背後，我們仍是很原始的動物。只要利用這些訊號，並遵守感官一致性原則，我們就能得到一份善用所有感官的性愛感官處方箋。

營造浪漫氣氛

氣味是吸引伴侶的一大原因，光靠氣味就可以帶來熱情的夜晚。不久前，氣味在生理吸引裡的角色仍被低估，但是近年來的證據卻越來越充分，至少關於費洛蒙威力方面正是如此。這些潛意識可偵測到的賀爾蒙氣味分子，會引起其他人特定的心理和行為反應。費洛蒙對吸引力的影響，是來自對遺傳優勢的本能追求，像是想和具有免疫系統互補的人發生性行為，才能生出更不容易生病的孩子。

有一項關於生育的研究是，請女性受試者穿上男性穿過的T恤，這些男性有些免疫組成與女性相同，有些則不同，結果女性偏愛免疫組成不同的男性氣味。另一項類似研究則是，請男性受試者戴著口罩，遮住口鼻，然後一邊觀賞女性照片，有一半的口罩噴上雄固酮這種荷爾蒙；結果分到有氣味口罩的男性表示，照片中的女性更具吸引力。

有一派理論認為，接吻的出現是因為這個動作能讓雙方口鼻有最近距離的接觸，藉此辨別可能對象的氣味與適合度。接吻是純粹感官，用到觸覺、嗅覺、味覺，甚至在兩人幾不可聞的呻吟時會用到聽覺。在這個最親密的時刻，我們投入所有的感官，但在相互吸引的階段，嗅覺似乎最重要。

▼保持自然體味

布朗大學心理學家赫茲做了一項實驗，希望了解大家對氣味的重視程度，還有自然體味和香水這類「人工氣味」之間的替代作用。她和團隊設計一份名為「浪漫興趣調查」(Romantic Interests Survey），共有十八道題目，針對布朗大學校園裡九十九位男性和九十九位女性進行調查。問卷的題目之一是：「如果可能約會對象的外表、聲音、膚質和氣味都至少達到平均值，你會希望哪一項在平均值之上？」女性重視的前兩名是氣味與外表；男性則認為外表最重要，再來是氣味。另一題則詢問：在考慮發生親密行為時，對方自然體味和所選香水的重要程度，結果發現，無論男性或女性都認為當對方乾乾淨淨且自然體味好聞時最吸引人，最不喜歡的則是對方乾淨但自然體味不好聞時。對方使用的香水合拍似乎也有點吸引力，但是不比自然體味來得重要。整體而言，女性對氣味的重視程度勝過男性，但是兩性都認為氣味很重要。

根據上述發現，自然體味對我們的吸引程度遠勝人工香水。如果兩人已經交往，很可能你們本來就很喜歡彼此皮膚的味道，所以關於氣味的第一個原則是自然就好。如果你需要先洗澡，洗完後別擦任何香氛乳液，保持皮膚的純淨本色。

▼食物香氣

南瓜派的香味會提四〇%流入男性生殖器的血液量，這已經獲得一項芝加哥研究證實，該研究計畫透過在「經典搖滾電台」的廣告招募受試者。所以第一個教訓是：南瓜派能改善熱愛經典搖滾樂男子的勃起。事實上，研究中使用的三十種香味，或多或少都能幫助受試者勃起，沒有一種出現反效果。蔓越莓味能改善二%，最高分的南瓜派加薰衣草，剛才說過能改善四〇%，但是第二名能增加三一．五%血液流入量的味道，則是甜甜圈加甘草，效果第三好的則是南瓜派加甜甜圈。第二個教訓則是，這個實驗似乎只針對荷馬．辛普森〔Homer Simpson，譯注：美國卡通《辛普森家庭》（*The Simpsons*）的男主人，熱愛甜甜圈〕。

研究人員認為，食物相關香氣對男性勃起有幫助或許是因為演化而來，帶獵物回家的晚上比較會有甜頭吃；也或許是因為懷舊心情的作用，追求感受，接納體驗。而最能勾起兒時回憶的氣味多半與食物有關，上述提到的香味似乎是屬於美國人的回憶，所以對英國人來說，應該是大黃派或草莓加鮮奶油，當然這純屬個人意見。

從這些結果可以得知，男性會對誘惑香氣產生生理和情緒反應，女性亦然。這些烘焙甜點的關鍵特質是溫暖、辛香調與甜度。研究中前三名香氣的主要成分包括肉桂、肉豆蔻、香草和大茴香。點上暖香調蠟燭本來就會帶來溫暖，而食物香氣則會讓事情自然發生，特別是如果有人晚上多喝了一、兩杯的情況下。

▼紅色的吸引力

在自然界的交配儀式中，很多種族都有展示紅色的習性，像是顯露全身羽毛顏色，對著求偶對象擺動。人類也一樣，研究人員建議紅色是所謂「繁殖相關行為」的天然引爆器。一份紐約的研究發現，在調情對話時，比起綠色或藍色，男人會對身穿紅衣的女子拋出更大膽的問題，也坐得更靠近。另一項實驗則顯示，當照片中的男性身穿紅衣或是以紅色為背景時，女人會覺得更具吸引力。

這種天生連結或許部分解釋了史汀（Sting）保證蘿克珊（Roxanne）不需要再「開紅燈」〔譯注：來自搖滾歌手史汀的名曲〈蘿克珊〉（Roxanne），開紅燈意指為性工作者〕，還有紅色唇膏的吸引力。紅色不分年齡，被用來象徵性、情慾和激情，在理論上也是因為紅色的原始力量。

▼催情的橘紅色燈光

雖然看起來有點刻意，或許甚至是俗氣，和史汀對蘿克珊的要求背道而馳，但紅色燈光顯然不只是在演化上，也有社會習得的催情效果。不過，紅色燈光可能太過強烈，和其他感官條件不配；溫暖的橘紅色燈光是較舒服的選擇，效果也獲得實驗證明。二〇一六年，連鎖飯店旅屋（Travelodge）調查兩千多名英國顧客，詢問他們的臥室顏色與性生活狀況。結果發現，臥室有焦糖色牆壁的人性生活最頻繁，平均一週三．五次（全英國平均是一週兩次）。學者相信，這是因為吃焦糖和巧克力時的歡愉與焦糖色之間形成習得連結，再加上巧克力和性之間的連結。琥珀色光線最能讓房間出現華麗的焦糖色調，而且和香草、肉豆蔻或南瓜派之類的暖香調之間也有感官連結，彼此能互相加強，創造出圍繞的情慾氛圍。

▼圓弧形狀及物體

整體來說，人類偏好圓弧流動的線條，而不是筆直和銳利形狀。現代主義者可能不同意這種說法，不過審美心理學的研究已經證實這個結論；研究顯示，我們對圓弧輪廓的偏好是生物本能，源於對人體形態的自然喜好。一九四七年，劍橋心理學家羅伯特．杜列斯（Robert H. Thouless）認為，由於曲線是人體的基礎，因此性慾是我們對曲線有審美偏好的根源。曲線形狀看起來也比較舒服，因為眼睛能順暢地移動，面對直線和不連續的線條，視線常被打斷。

一整天下來，我們已經多次提到圓弧形也和美好但邪惡的味道相連：甜味、厚重、濃郁及放縱。所以圓弧和性慾的連結，也可能是這種跨感官效應的部分原因。在產品設計包裝的世界裡，你會注意到越能帶來樂趣的產品，在平面設計、字體、商標、包裝上就會使用越多流動線條。當我針對產品提出視覺語言建議時，從巧克力棒到情趣用品，起點永遠是圓形和柔軟。曲線形狀會自然而然地提醒，並加強我們的愉悅感；同時在情緒和感官上也相對溫暖，和我們布置的氣味、光線、氣氛一致。

到了這個時間，如果你正在挑選地毯，或裝飾臥室的物件，選擇立體圓形輪廓和流線設計，整個氣氛會更愉悅、豐富，也更慵懶。

▼由女士做主的音樂

要進行親密行為時，背景音樂完全是個人選擇。不過，如果你想要一些建議，倫敦大學金匠學院（Goldsmith, University of London）音樂心理學教授丹尼爾・慕倫席芬（Daniel Müllensiefen）在二〇一二年詢問兩千名男女，心目中最理想的做愛背景音樂。結果非常了無新意，男性的首選是馬文・蓋伊（Marvin Gaye）的〈讓我們享受吧〉（Let's Get it On），而女性的首選則是《熱舞十七》（*Dirty Dancing*）電影原聲帶。他的調查也發現，男性較願意配合對方的喜好挑選音樂，會為了取悅對方而大幅改變自己的音樂偏好。驚人的是，無論男女都認為聽皇后樂團（Queen）的〈波希米亞狂想曲〉（Bohemian Rhapsody）比性愛還過癮，所以躺上床前千萬別聽這首歌，否則對雙方來說一切都會變得沒意思。

進一步分析問卷答案後，可以看出能勾起情慾的音樂特質是「放鬆」、「溫柔」、「平和」、「快樂」與「低調」。

歡愛之間

這裡的「之間」指的不是進入以後，而是從第一個觸碰開始，那份緊密和親密感的建立過程，期待逐漸提高，就算是最輕的觸碰或聲響都能引起皮膚顫抖，這正是我們應該探索每項感官，陶醉在親密共享感官體驗的時刻。

▼專注於你的感官

投入當下。我們的思緒不時會飄移，對有些人來說，在親密時會忍不住分神來點性幻想。但是研究顯示，性興奮時聚焦在當下，會增加接收到的歡愉感。感官滿足的定義就是，能完全投入感官的體驗中。利用正念技巧，專注於你的感官，能保持自己投入。對伴侶的撫摸、氣息、聲音、味道越有感覺，你的心就越能專注當下。

▼撫摸

無論在生理或情緒上，肌膚觸感都是最具催情效果的質感；輕柔地愛撫彼此會分泌催產素這種「愛情荷爾蒙」，它能幫助繁衍並享受高潮，也會促進兩人之間產生愛戀情感。通常在一段關係的前六個月，我們體內的催產素會激增，但是撫摸的效果似乎會隨著時間下滑。

一般來說，交往的第一年，男性是主要撫摸者，但之後就變成女性。有名的性愛治療師琳達·德·維里爾絲（Linda De Villiers）就大力提倡她所說「無目的情慾撫摸」，建議大家花時間輕撫彼此的手臂與後背，練習觸碰和被觸碰的角色，就能打造更深層的關係。

▼愛撫練習

除了肌膚之外，能帶來撫摸快感的物質端視個人偏好。維里爾絲建議伴侶做多重觸感練習，能幫助找出彼此喜歡的質地與感覺。她請大家準備最多十種不同材料、質地、溫度的物品，例如皮毛手套、緞面髮圈、冰塊、指甲砂銼、軟毛畫筆及牙刷。全裸躺下並閉上眼睛，讓伴侶（或自己）使用這些物品輕觸身側，觀察你喜歡或不喜歡哪個物品、喜歡被碰觸的部位，還有你的感覺，你可能會發掘出全新的愉悅感官體驗。維里爾絲建議一一寫下，但我的建議是開啟手機的錄音功能即可，這樣你就不用為了記錄而中斷，也能錄下不同觸覺帶來愉悅感受的聲音，性感呻吟也可以是日後的情慾促進器……

▼呼吸與呢喃

隨著感官高漲，親密度提高，最私密、貼身的莫過於壓抑、幾近氣音的聲音。甘斯柏請芭杜在歌曲〈我愛你……我也不愛你〉（Je t'aime...moi non plus）裡加入喘息的性愛聲，結果歌曲遭到禁播。呢喃低語也有很強的情緒渲染力，勾起關於親密、關心、關注、信任的回憶。現在網路上有個大受歡迎的新風潮——「自發性知覺高潮反應」（Autonomous Sensory Meridian Response, ASMR），是指非常微弱輕巧的聲音和呢喃，造成聽者從頭頂到脊椎，甚至全身的愉快放鬆感。這個詞彙是二〇〇九年由珍妮佛・雅倫（Jennifer Allen）提出，她發現有一群人很熱衷於這種體驗，而且需要一個聽起來科學的稱呼。這些年來開始有針對這種效應的科學研究，有一項實驗讓受試者一邊觀看影片，一邊接受功能性核磁造影掃描，結果顯示，大腦的反應和動物接受梳理毛髮的反應很類似。大腦活動似乎發生在和社會認知、自我意識，還有社交行為相關的部位，大腦的前額葉皮質也會活動，代表分泌催產素，而這或許解釋了其中的放鬆感。

自發性知覺高潮反應不是屬於性行為範疇，但是它的愉悅感和刺激感非常強烈，可以在兩個人已經很親密的時刻，再增加另一層感官親密感。在性行為開始時刺激催產素分泌，有助於加強彼此的愛戀感覺，對著彼此呢喃細語，你或許不一定會有自發性知覺高潮反應，但是這個動作本身就很親密貼心。想要營造性感私密情緒，除了播放能觸發自發性知覺高潮反應的音樂外，也可以播放有氣音和低語的音樂。

▼音樂的「肌膚高潮」

音樂還具備其他可以帶入性行為的效果，也能助長興奮激情。目前發現，「出乎意料之外」的音樂會引發所謂的「肌膚高潮」效應。一九九一年的一項實驗顯示，大約八〇%的實驗對象在聽到和弦突然改變，或是意想不到之處發生兩個元素異常不協調的音樂時，會感覺從頭到脊椎傳來一陣顫慄；其中有三八%的人認為這種感覺和性衝動很像。其他的研究則顯示，有些人會把起雞皮疙瘩或手臂酥麻的類似感覺，當成性愛體驗的一環。即使你覺得這些感覺本身不性感，但它們仍是在魚水之歡時，增加另一種感官面向的好選擇。

你可能已經體會過這種感受，也知道哪些歌曲或音樂能激發自身的反應。雖然反應源於樂曲中意想不到之處，但是就算你已經知道，效果依然存在。該領域的研究人員，如衛斯理大學（Wesleyan University）心理學家賽奇．路易（Psyche Loui），認為已經聽過的曲子效果可能更強，因為你已經在曲子和高潮感之間建立情緒記憶。

能帶來肌膚高潮的曲子，包括謝爾蓋・拉赫曼尼諾夫（Sergei Rachmaninoff）的〈第二號鋼琴協奏曲〉（Piano Concerto No. 2），還有愛黛兒（Adele）的〈像你一樣的人〉（Someone Like You）。我相信每個人都有自己的最愛，但關鍵觸發點之一就是意料之外的轉折。把能激發肌膚反應的曲子彙整成歌單，當成背景音樂，你的肌膚會在親密時刻更纖細敏感。

▼濃郁香氣

嗅覺較敏銳的人似乎更能享受性愛，而且資料顯示鼻子靈敏的女性高潮次數較多。德國德勒斯登（Dresden）的一群研究人員做過調查；首先，他們使用名為「嗅探棒」（Sniffin' Sticks）的工具來評估嗅覺靈敏度，受訪者必須聞嗅探棒散發的味道，然後看看能聞到什麼程度。確認嗅覺靈敏度後，研究人員開始詢問受訪者，關於性慾、性渴望和性經驗等問題。結果顯示，嗅覺靈敏度和對性生活的享受程度成正相關。

正如氣味對外在吸引力有根本影響，氣味在歡愛過程也扮演非常關鍵的角色。德勒斯登的研究中提到，人們在做愛過程中散發的自然體味，是整個性體驗的重要元素。因此，當房間裡充滿性感的味道時，嗅覺靈敏的人就會更享受性愛。至於嗅覺較普通的人，只要能聞到更多味道，性體驗也會更好，所以盡情噴灑吸引鼻子的香氣，能幫助自己在床上獲得更多的樂趣。
下一個問題是，該用什麼香氣呢？從芳香療法的角度來說，下述幾種精油的效果最好：

茉莉

在亞洲，茉莉早在幾個世紀前就被當成春藥使用，而且背後有很好的原因，因為茉莉的氣味含有名為「吲哚」（Indole）的化合物，這種有點惡臭的成分出現在很多地方，像是巧克力、糞便和人們的皮膚。當身體流汗或有摩擦時，人體私處周圍會分泌吲哚，所以它實際上是「性愛氣味」的主要成分。如果你的鼻子不算非常靈敏，在房間內噴灑茉莉花香，一樣能帶來那股原始性感香味的衝擊。

薑

薑能刺激血液循環，意味著會分泌更多汗水和費洛蒙。羅馬人對薑非常推崇，男人常常在性交前咀嚼生薑片。薑味和橘紅色燈光也很搭配。

琥珀

另一種古老的春藥——琥珀，味道聞起來溫暖、木質、有男人味。印第安納州的研究人員發現，女性聞到男人味香氣時會有較強烈的性幻想。琥珀也會促進循環，因此你可能會身體發熱，然後分泌費洛蒙。琥珀的顏色也很適合我們的性愛感官處方箋。

香草

無論男性或女性，香草味都會激發人的性慾，這也是一種歷史久遠的催情物。十九世紀末，一本名為《國王的美國藥典》（*King's American Dispensary*）的書裡，標榜香草會激發吸入其醉人香氣者的性慾。

檀香

檀香是另一種具有男性氣息的香味，也在怛特羅密教（Tantric）的性練習裡被當成催情藥，因為檀香被認為有提高觸摸反應的效果。二〇〇六年的一份研究報告，測試東印度檀香精油對生理反應的影響，結果發現受試者的心跳數和「皮膚導電性」都會提高，這或許是檀香長久獲得青睞的原因。

介紹完所有的感官元素後，已經有一份能享受極致歡愉的感官處方箋，摘要如下：

美好性愛的感官處方箋

- 顏色：在前戲階段，可以穿上紅色衣物。
- 燈光：溫暖，橘紅色光。
- 香味：溫暖、辛香調香氣有很多好處，盡量濃郁無妨。
- 觸感：愛撫彼此的皮膚，建立更深層的聯繫，嘗試以不同觸感和溫度的物品碰觸皮膚，開發新的快感。
- 音樂：氣音唱腔和感性、激動人心的時刻。
- 聲音：對彼此輕聲細語，營造親密氣氛和肌膚顫慄感。
- 形狀：在四周擺放充滿圓形輪廓與流線形的物品和圖案。

• 其他：專注於感官，投入當下。

事後的助眠方法

做愛完的事後菸早已不復見，在這個禁菸時代，難以想像有人在室內抽菸，更別提是在歡愛後的臥室。至於事後「電子菸」，從嘴裡呼出帶著合成甜味的煙圈，根本完全喪失原來酷酷的儀式感。做愛後抽菸的用意是為了放鬆，而且或許會加快「無反應期」結束，也就是身體從高潮中恢復的時間。事實上，吸入式尼古丁會在短時間內，也就是抽完菸後，男性性慾會降低約二三%，所以事後菸絕對是扼殺第二回合的有效方法。

如果你已經準備畫下一天的句點，性行為後的大腦會有很多幫助睡眠的活動。高潮過後，身體會分泌泌乳素、血清素及更多的催產素，這些荷爾蒙全都能幫你放鬆入睡。二〇一二年有一項研究，掃描經歷高潮不久後的人的腦部活動，發現前額葉皮質幾乎進入休息狀態，心智活動減少。這些都再再表明你已經做好入睡準備，可能只差去浴室刷牙。如果這是你的計畫，請直接進入下一章，看看有哪些事能在感官上幫助你。如果你還不想結束，就繼續讀下去，要重振雄風必須先克服一些基本的生理限制，最大的關鍵是年齡。青少年可能幾分鐘就能恢復，但是年過五十後就可能需要十二小時，青春總是虛擲在少年。

所有想捍衛男性雄風的五十歲男性同胞，我知道你們不需要十二小時。除了年齡外，恢復時間長短還會受到很多因素的影響，你的關係狀態、兩人之間的性吸引力、你的健康和性慾全都能大幅縮短等待時間。此外，有些感官祕方也有幫助。

▼變換香氣

高潮過後，體內分泌的泌乳素這種荷爾蒙是幫助入睡的主要成分，但是它也會刺激大腦製造更多嗅球神經元，強化嗅覺。氣味是強大的性快感促進劑，所以現在是進一步刺激鼻子的好時機。空氣中已經充滿性愛氣息，還有你之前點燃的蠟燭香，不過現在該換上新的香氣，提醒已經習慣目前香氣的身體。新氣味會刺激你的感官，也會讓你更投入當下。所以在相互擁抱休息一會兒後，下床點上完全不同香味的蠟燭。改變香味會激發你的感官，加深感官氣氛。

▼巧克力與鮮奶油

如果晚餐沒有吃太飽，或是做愛完突然有些嘴饞，剛好可以趁機用食物提升性感激情。此時身體的障礙之一是缺乏多巴胺，多巴胺會讓你性興奮，但是體內其他的荷爾蒙卻壓制它的分泌。幸好，有些超級性感的食物，像是巧克力、鮮奶油和草莓，可以提升體內的多巴胺濃度。

如果你正處於一段新關係，吃甜食會進一步加深對彼此的感覺。印第安納州普渡大學（Perdue University）科學家證實，吃或喝了甜的東西後，人們會覺得未來可能的伴侶更具吸引力，也更有意願和對方發展長期的關係；不過，對於關係已經非常穩定的人，吸引力就沒有變化。研究人員把這種效果歸因於「隱喻式思考」（Metaphorical Thinking），把甜味和戀愛的感覺加以連結，然後投射在對方身上。在長期穩定的關係裡，熟悉感與相處經驗遠遠超越短暫甜味的影響。

在一段關係剛起步時，把放縱食物帶入性生活是好主意，就算你們已經是老夫老妻，品嘗美食的歡樂依舊存在，體內激增的多巴胺還是會有勾起激情與慾望的效果。假如你想增加美食的情趣，可以在歡愛之間的空檔化身「大廚」，到冰箱裡尋寶，然後端上一盤放縱食物，一同享受。

▼播放最愛的音樂

聆聽熟悉的音樂是另一種提升多巴胺的好方法。加拿大神經科學家曾做過研究，在受試者聽音樂時測量他們的腦波活動，結果發現多巴胺會在兩個階段釋放：一個是在期待下一首歌時；另一個則是享受音樂時。聽著心愛的歌曲時，多巴胺會在你跟著哼唱時釋放，聽到特別喜歡的段落時也會再次釋放。

當你們躺在彼此身旁，吃著美食，聽著音樂時，整個環境都在幫助你舒緩疲勞，養精蓄銳，讓你準備好展開第二回合。在歡愛徹底結束後，你就可以開始進行睡眠的感官準備。

第十四章 好夢正酣

——閱讀六分鐘減少六八%的壓力和焦慮

終於來到多重感官一日行程的最後一站。如果你確實按照書中的建議，身體應該早已準備好入睡。早晨在光線和鳥鳴聲中起床，在正確時間裡運動，而且接觸陽光至少幾個小時的話，你的晝夜節律應該完美準確，而且體內引發睡意的荷爾蒙濃度也會剛好。睡眠對我們的生理與心理健康影響不可小覷，它是生命的基石，相當於食物和水。神經科學與心理學教授馬修．沃克（Matthew Walker）在著作《為什麼要睡覺？：睡出健康與學習力、夢出創意的新科學》（*Why We Sleep: Unlocking the Power of Sleep and Dreams*）寫著：「身體裡的每處組織和大腦裡每項處理都會因為睡眠而提升，或是因為睡得不夠而嚴重受損。」

但睡眠是現代生活的一大困擾，大約有三〇%的成年人每晚睡眠時間少於六小時，五十年前這樣的人只占不到三%。在早晨的章節裡曾提及，現代人大多數晝夜節律紊亂，原因是繁忙的行程、人造光線、電腦螢幕與缺乏自然日照，當然還有許多其他可能干擾睡眠的事項。我們養成各種干擾生理時鐘的壞習慣，現在該戒除了，如果真的關心自己和你的感官，就需要充足的睡眠。

本章並非治療失眠的萬靈丹，有些人的失眠問題需要特殊診斷。不過，的確有些感官上的考量對睡眠有正面效果，也有一些我們應該避免的事。改善睡眠品質的關鍵是，準備就寢前的儀式或流程。從睡前兩到三小時開始，就必須停止用錯誤的刺激轟炸感官，而且要有意識地調整，用溫暖的跨感官歡樂感緊緊包裹它們，不讓任何單一元素破壞入睡準備。試著冷靜、放鬆、放慢，保持舒適，而不是與配合日夜節奏的生理時鐘背道而馳。

為了達成目標，完美的睡眠感官處方箋會倒數計時，直到你閉上眼睛入睡的那一刻。只要從你期望的就寢時間反推回來，然後盡可能地遵守這份處方箋。第一步是大家應該都已經明白，卻還是無法徹底執行的一點。

睡前倒數計時

▼睡前兩到三小時：停止觀看任何電子螢幕，並避免強光

智慧型手機、筆記型電腦和電視螢幕使用的ＬＥＤ燈，含有會抑制身體分泌褪黑激素的藍光，而褪黑激素是重要的催睡荷爾蒙。根據哈佛醫學院知名睡眠科學家柴斯勒指出，睡前盯著ＬＥＤ螢幕是夜間活動裡對睡眠破壞力最大的。我們應該在距離入睡至少兩小時前停止觀看螢幕，最好是三小時。電視螢幕稍微好一點，因為距離較遠；最大的睡眠殺手是手機、平板和電腦。

人類的睡眠與起床時間，在演化上是跟著自然的日夜循環，但是人造光線意味著我們可以突破這層限制，靠著人造光線延後睡眠時間已經破壞了晝夜節律，其中危害最大的就是在晚上使用亮藍白燈光。人體本能會隨著明亮帶藍色的光線起床，飛機駕駛艙就是使用黎明藍光來對抗駕駛員的疲勞，而且出於某些原因，大部分浴室鏡子的燈也很接近黎明藍光。不過，你最應該避免的就是站在刺眼的藍白光前睡前刷牙。很多家裡有的聚光燈具也不是太好，當然我們不能每晚摸黑活動，但是避免強光可以減少夜間光線改變生理時鐘的程度。

阿拉巴馬大學（University of Alabama）醫學院在二〇一三年發表一份研究報告，主題

是以減少受試者晚上接觸的藍光，治療過動症相關的失眠症。一群深受失眠所苦的成年人在每晚八點半到十一點間戴上阻隔藍光的眼鏡，結果所有人的睡眠品質都在好幾個方面出現改善，也對睡前準備不再那麼焦慮。

▼睡前兩小時：橘色調的昏暗燈光

調整生理時鐘的訣竅，就是早上用明亮光，晚上用昏暗光。你可能還記得在第一章中提過，光線是最有利的校時器，可以用來策略性調整我們的自然規律。位於紐約州特洛伊（Troy）的照明研究中心（Light Research Center）曾測試一種照明療法；一群人在早晨時接觸強光兩小時，傍晚則處於橘色調昏暗光中三小時，另一組人則接受完全顛倒的安排。一週後，第一組的「晝夜同步」改善了大約兩小時，也就是他們想就寢的時間比平常提早兩小時；另一組的生理時鐘則被推遲一個小時，晝夜配合度更差。

按照早晨的規劃，你的鬧鐘應該包括充足的光線，而且最好能在一整天中接觸到足夠的自然光。所以睡前的準備動作裡，試著調暗燈光，若是可以就加入橘色調。臥室裡的光線應該早已柔和舒適，但是如果你想要更趨完美，移除剛剛歡愛使用的紅色光，然後換成柔和的橘色，不然也可以用黃光燈泡與調低瓦數的檯燈。

▼睡前四十五分鐘：舒緩音樂

我早期的工作之一是作曲，並創造睡眠冥想使用的有聲床。追求極致的睡眠音樂成為一種藝術工作，因為我試圖找出音樂的正確旋律比重、和弦變化，還有整體表現，確保結果能完美搭配香甜的睡眠狀態。我會花上數小時創作又長又慢、拖拖拉拉的樂曲，然後請朋友試聽入睡。最後製作出的睡眠冥想音軌成績斐然，我們收到來自世界各地聽眾的大量好評。

背景噪音在入睡時和睡眠中的確有幫助，尤其當窗外有交通或自然噪音時。除噪助眠器越來越受歡迎，但它其實在睡前準備期發揮的效果最大。一份來自台灣的研究顯示，聆聽柔和緩慢的音樂會改善老年人的睡眠品質。研究人員發給一群年齡介於六十到八十三歲的受試者一首舒緩音樂，請他們在每晚睡前聽四十五分鐘。結果每個人都感覺睡眠品質變好，更快入睡也睡得更久。匈牙利也做過類似研究，請受試者在睡前聆聽四十五分鐘的柔和古典音樂、有聲書或是安靜無聲。結果古典音樂組的睡眠獲得顯著改善，壓力和沮喪感也降低；有聲書與無聲組則沒有任何變化。所以，聽有聲書對睡眠不好不壞，舒緩音樂才是正解。

睡前準備聽的音樂，不需要挑選像我製作的那種專門催眠、營造睡意的音樂。如果你喜歡，情境電子音樂也行，只要是安詳、柔和的音樂陪你度過夜晚的最後時光就可以了。

▼睡前三十分鐘：薰衣草和洋甘菊

經典的芳香療法助眠配方在臨床實驗證實確有其效，有家醫院的失眠患者使用洋甘菊加薰衣草的精油，結果對其他鎮定藥物的需求量減少六四％。另一項研究顯示，在睡前聞薰衣草精油的人會睡得更熟，也有很長的「慢波睡眠」（Slow Wave Sleep），同時覺得第二天的精神更好。研究人員相信，這是因為前一晚的睡眠品質變好了。不過有趣的是，精油對男性和女性的作用似乎不一樣，每個人經過薰衣草香氛洗禮後都睡得更好，但女性是快速動眼期（Rapid Eye Movement, REM）縮短，淺眠期變長；男性則是動眼期變長，淺眠期縮短。

上述兩項研究中，受試者都是在睡覺前使用精油，而不是躺在床上進入夢鄉時。所以盡量把薰衣草和洋甘菊香氛納入上床前的準備動作，或許你可以把香味噴在皮膚或寢具上，這樣在走動收拾時就能聞到；或者也可以在自己喜歡進行靜心活動的房間裡，點上香氛蠟燭或精油薰香。

▼睡前二十分鐘：靜心活動

隨著環境的感官刺激後，你也該從事一些睡前活動，睡眠治療師相信，這些活動能幫助平靜身心、降低焦慮、帶來睡意，而且不會激發反向調節荷爾蒙和大腦活動。既然你此刻沒有在看電視，也不該使用手機，請做點小活動。在舒緩音樂的環境雜音、昏暗的光線，還有寧神的香氛陪伴下，試著從事至少一項下列的活動：

閱讀

根據薩塞克斯大學（Sussex University）科學家的一項研究指出，只要閱讀六分鐘就能降低壓力和焦慮高達六八％。實驗一開始，先利用一連串的測驗與運動增加受試者的壓力，然後分別請他們喝茶、散步、聽音樂或讀書。閱讀的紓壓效果最好，只要六分鐘就能發揮作用；音樂緊追在後，名列第二，紓壓效果有六一％。由神經心理學家大衛．路易斯（David Lewis）帶領的研究團隊相信，閱讀能分散人們對造成焦慮感覺和念頭的注意力，同時也會舒緩緊張，並降低呼吸、心跳速率，但是務必記得要閱讀紙本書，而不是電子書。

寫清單

睡前花幾分鐘寫日記，一直是備受推崇的習慣；寫下思緒這個動作能把念頭排出腦外，讓人不再整夜糾結而失眠。最近一份由德州和亞特蘭大心理學家發表的研究報告，試圖找出效果最好的書寫內容：次日的待辦事項清單，或是回顧今天發生的事情。他們找來五十個人在睡前準備中執行一個五分鐘任務：寫下「待辦」或「已完成」清單。寫待辦事項的人入睡時間會比寫已完成清單的人來得早，而且待辦內容越詳細，就能越快入眠。整理未來日間或週間的任務與目標是非常有力的療癒行為，能解除焦慮、擔心，讓心靈歸於平靜。

泡澡

除了泡澡本身就很放鬆外，背後其實也有生理因素能幫助入睡。讓人意想不到的是，泡熱水澡會降低皮膚溫度，然後會帶來更長、品質更好的深眠期。人的核心體溫在夜晚會下降，配合晝夜節律，因此低溫是代表身體準備休息的記號。泡澡後，血液流到皮膚表面，體熱散發到空氣中，促使核心體溫下降。只要躺在熱水裡十分鐘，即可達到降溫的效果。科學建議應該在睡前九十分鐘泡熱水澡，但其實無論何時快速泡澡都有助於睡眠。泡澡時間也是聽舒緩音樂，以及在水中滴入幾滴精油的好時機。

冥想

好幾份研究都證實短短幾分鐘冥想對睡眠的助益。一份一九七〇年代的研究顯示，遵從醫囑在睡前練習超覺靜坐（Transcendental Meditation），慢性失眠者終於成功入睡，而且效果能長期持續。幾年前在洛杉磯曾有一場為期六週的實驗，一群飽受失眠所苦的成年人開始在睡前準備中做正念練習。結果所有人的焦慮、沮喪、壓力都大幅緩和，也睡得比之前更久、更好。正念冥想講求專注於你的呼吸，將心思放在當下，讓思緒和情感不假思索地掠過，清除思緒及感覺的喧囂。這是可以引導出「放鬆反應」的許多方式之一，身體會在歷經深度生理轉變後，進入更安詳的狀態。只要五到十分鐘的正念呼吸練習，你會睡得更安穩，第二天也會更有精神。

一杯溫牛奶

牛奶含有能引發睡意的胺基酸，叫做色胺酸。人體吸收色胺酸後，會轉化成血清素和褪黑激素這種「睡眠荷爾蒙」。無論睡覺與否，保持體內色胺酸的濃度都是重要的事；研究發現，受到壓力和焦慮困擾的人，通常體內色胺酸濃度都低於標準。只要充分補充，身體幾乎馬上就能感覺到平靜和放鬆，這是因為色胺酸幫助催產素分泌。很多高蛋白食物都有色胺酸，像是雞蛋、肌肉、魚肉、某些堅果及早餐穀片。有個實驗安排一群患有睡眠失調的成年人在早餐和晚餐時吃富含色胺酸的穀片，結果大家的睡眠品質大有進步：睡得更久，晚上翻來覆去的次數減少，早上也不那麼昏昏沉沉。

當然，你不一定要從熱牛奶中攝取，可以在平時盡量攝取富含色胺酸的食物，不過這杯經典睡前飲品的確有科學支持，又暖心療癒。其他睡眠治療師推薦的睡前飲品還包括洋甘菊茶和香蕉茶，香蕉茶的做法是把香蕉切半，然後連皮在水裡煮沸十分鐘，飲用前加入蜂蜜。香蕉與蜂蜜都含有色胺酸，能幫助褪黑激素分泌。來一杯熱飲不算是單獨的睡前準備活動，但絕對是閱讀或寫清單時的好搭檔。

▼睡前五分鐘：溫度

臥室溫度對睡眠品質扮演舉足輕重的角色。之前提過，人的體溫會在夜間自然下降；太溫暖的房間會阻礙體溫降低，反而干擾睡眠。公認最適合睡覺的完美溫度是攝氏十六到十九度。對有些人來說有點太冷，不過這種室溫會讓身體維持在最佳核心體溫，讓你睡得更沉。躺在床上前，記得把空調設定到最佳溫度（如果你能控制的話）。

▼入睡

閉上眼睛，漸漸進入夢鄉。如果你一整天都已採納建議，而且做了很好的睡前準備動作，應該很快就會酣然入夢。別忘了，好習慣的力量是來自持之以恆的實踐，才能發揮最大效果，盡可能在每晚相同時間就寢是非常重要的一點。

睡眠的感官處方箋

- 睡前兩到三小時：別再盯著螢幕，避免所有的亮藍白光線。
- 睡前兩小時：調暗燈光，溫暖橘色調。

- **睡前九十分鐘**：如果喜歡泡澡，正是時候。
- **睡前四十五分鐘**：播放柔和、平靜、放鬆的音樂。
- **睡前三十分鐘**：薰衣草和洋甘菊香氛——在皮膚、房間或是浴缸。
- **睡前二十分鐘**：做點靜心的活動。閱讀、書寫、冥想或快速泡澡，然後喝一杯熱牛奶。
- **睡前五分鐘**：確認夜間溫度不會過熱，最好維持在攝氏十六到十九度。
- **閉上眼睛**。

讓睡眠品質更好

事情還沒有結束，即使在睡覺時，還是有些感官元素能持續作用，在不知情的狀態下，繼續幫助你睡得更好。

▼白噪音及海浪聲

很多人在臥室使用助眠器幫助入睡，助眠器裡有很多含有「白噪音」的音樂選項，白噪音是指特定範圍間的音波頻率，聽起來像收音機雜訊聲。有時候也會有海洋聲，聽起來和白噪音有點類似，但有和緩波動。這些助眠器已被證實對醫院病患有好處。伊朗德黑蘭的一項研究，測量重症病患在使用除噪助眠器前後的睡眠品質，發現有所改善。阿拉巴馬州亨茨維爾（Huntsville）的一家醫院則是在病房內播放海浪聲，結果病患的睡眠品質大幅提升。布朗大學某個睡眠研究室曾進行深入研究，研究人員播放一段加護病房的錄音，沒有手機聲，夾雜一些片段交談和偶發事件聲；第二晚則播放同一段錄音，但是加上額外的白噪音，結果有白噪音的版本讓實驗對象睡得更好。

真正干擾睡眠、吵醒我們的是出乎意料的聲響，而不是整體環境音量。所以如果你對警笛、動物聲或隔壁嬰兒的哭聲很敏感，或許可以試著提高整個房間內的音量——我知道這聽起來有些弔詭。透過臥室喇叭播放白噪音或海浪聲，能有效壓過其他聲音，人耳會調整並設定新的「底線」音量，然後在這種音量下入睡。

你可能會很好奇，在沉睡狀態下，感官環境是否還會對我們有影響。我們探索感官世界，提升清醒時的生活品質，睡覺時也能這麼做嗎？答案是肯定的。首先，你可以享受透過感官層面來引導夢境的樂趣。其次，睡眠也是你可以先加強次日感官處方箋的機會。

▼感官夢境

要談論聲音對夢境的影響，就必須提到開發應用程式Dream:ON的李察・韋斯曼（Richard Wiseman）教授，只要睡前把智慧型手機放在身邊，該應用程式就會在做夢時播放你選擇的音樂，像是熱帶海攤、都會生活或森林氣息等。韋斯曼的團隊請應用程式的使用者填寫夢境日記，他們花費兩年多的時間分析一千三百萬個夢境，結果非常神奇。原來人的夢境完全受到聲音的左右。如果你聽見大自然音景，夢境就會充滿綠意、樹木和鮮花；聽見海邊或泳池派對的聲音，就會夢見陽光。搭配大自然音景的夢通常較為祥和，而都會生活音景的夢就比較詭譎。

香氣也有相同的效果。一九八八年，有項前瞻性實驗在受試者進入快速動眼期時測試各種不同的香味，然後在受試者起床後詢問是否有印象；成功率大概是二〇％。有位受試者睡覺時聞的是檸檬味，說自己的夢境是在舊金山的金門公園裡聞鮮花，只不過花朵聞起來是檸檬味，在某種程度來說，檸檬味無疑進入他的夢裡。之後還有一項研究試圖找出香味和臭味對情緒的影響，臭味是否會造成惡夢，香味會不會帶來好夢？結果顯示，影響力很大。研究人員讓受試者聞玫瑰花或臭雞蛋的味道，聞到花香的人做了情緒較為正面的夢。

同一研究團隊接著試圖引導受試者，想建立味道和特定地點的連結。有些人一邊看著鄉村照片，一邊聞著玫瑰花或臭雞蛋；有些人則是一邊看著城市照片，然後聞著兩者之一的味道。當受試者入睡做夢後，研究人員釋放味道；大部分受試者做了田園場景的夢，沒有一個人夢見城市。

把這些結果拼湊起來，你或許能試著引導自己到具有強烈氣味和聲音特徵的地點：夏日草地與剛割下的青草，或是海灘和防曬乳。你可以在睡前凝視照片，搭配聲音和氣味，或者也可以根據正在閱讀的書來挑選聲音與氣味，布置出相符的感官氛圍，就像之前看電影和追劇的建議一樣。在你入睡後，這兩種感官刺激開始啟動，你應該會旅行到想要的場景。我相信技術上絕對做得到，你可能需要定時擴香儀，還有如同 Dream:ON 一樣的音效應用程式。韋斯曼教授認為，我們醒來前做的最後一個夢，會影響接下來的情緒狀態及行為；感官夢境製造機就是讓自己每天有個美好開始的方法。

▼睡眠設定

一群哈佛商學院學者曾探討他們稱為睡眠中的「任務再啟」（Task Reactivation）現象。建立大腦自然的夜間處理能力是有可能的，做法是帶入白天進行不同活動時使用的感官刺激。哈佛商學院團隊和荷蘭行為科學家合作，證明能用這個理論來提升創意思考能力。在入睡前，受試者會先看一段關於某家慈善機構的影片，並且賦予挑戰任務：明天起床時，大家要想出慈善機構招募志工的新點子。其中一組受試者看完影片後，在飄散著柑橘和香草香的空氣中出主意；晚上睡覺時，研究人員再度釋放同樣的氣味。第二天，全組成員的創意思考能力都出現大幅進步，而且想出的點子比其他控制組來得多。另一項在德國的類似實驗則是，讓受試者在有氣味的房間裡做記憶測驗，晚上睡覺時，房間飄散著一樣的味道。第二天再度進行記憶測驗時，他們的成績大幅進步。

對多重感官領域來說，這些實驗成果無疑是天大的好消息，也是一日感官練習的顛峰，如果利用「任務再啟」，我們或許能進一步提升感官處方箋的威力。只要編織出回憶和聯繫，把聲音與氣味和特定任務加以連結；夜晚時重新帶入這些元素，就能協助大腦處理資訊，並且設定好自己在明天聽到、聞到這些元素時會出現對應行為。比方說，目標是白天聞到肉桂香、聽著咖啡館喧譁時，能正確地處理行政事務，晚上睡覺時就可以使用相同的氣味和音景。大腦的處理能力會在一夜之間增強，第二天聞到肉桂香與茶香，並聽到四周喧鬧聲時，就會進入專心、有效率的狀態。這可以應用在大多數我們提到的所有元素：黏土香與創意思考、茉莉花香和性愛，或是清脆鐘聲與甜味。你可以有效選擇自己希望加強的領域，然後進行一場夜間特訓，強化其中的連結。

因此多重感官的旅途永遠沒有終點，我們越實踐感官生活法，就能建立越強大的回憶與更深層的聯想。我們開始以多重感官的方法重新塑造自己，利用感官科學改變日常生活的表現，也從生活的美好事物中獲得更多樂趣。

致謝

我要特別感謝喬，謝謝你始終相信我，還有所有感官體驗〔Sensory Experiences，前身是佐料迷客（Condiment Junkie）〕的朋友和同事，尤其是琳賽、伊歐亞娜及盧。

對我來說，累積建立所有感官知識是一趟美妙的發現之旅，起點應該算是多年前在肥鴨餐廳的實驗廚房。我帶著一堆想法加入團隊，皮特里、寇瑟和我開始玩起聲音與食物的遊戲。我們一起帶著這股新生的熱情，踏入牛津大學跨感官實驗室的怪奇地下社會。在這裡，史賓斯教授和團隊用老舊電腦與希斯·羅賓森（Heath Robinson）風格的嗅覺機器，搭建一座座實驗亭，不斷探究神奇的感官合成世界。和牛津團隊聯名發表幾篇研究論文後，我的研究範圍從聲音與味覺，拓展到質地、顏色、氣味等。我不斷帶著新想法回到牛津，或是來到位於倫敦的感官研究中心；感官研究中心的史密斯教授也在探索心靈的疆界投注心力，研究感官之間奇特的交會。

對感官世界的涉入越深，我想學習的反而更多。多虧幾位世界知名品牌的主管，他們勇於嘗試，也願意接受新觀念，於是我找到結合科學研究與藝術行為的機會，同時也滿足我對創新及知識的渴望。能夠藉由實驗與學習獲得報酬，並且根據自己的發現來改變事物，我感到無比幸運。設計出震撼感官的盛大活動，或是和傑出的科學家一起找出能激發反應、改變大眾觀感的細微形狀、質地、聲音，無論產品是飲料、洗髮精或汽車。因此，所有我曾有幸共事的人，謝謝你們給我機會，也期待未來能有更多感官合作經驗。

二〇一九年寫書的機緣突然出現，想法是把我對感官的知識和經驗應用在日常生活裡。我常說要寫下自己的心得，現在時機似乎成熟了。大力感謝經紀人瓊・伍德（Jon Wood）推著我前進，從雜亂無章的初稿中看出本書的潛力，幾乎是他想出整本書的形式架構。伍德，你太棒了。也很謝謝韋恩・戴維斯（Wayne Davies）相信我，並和我簽約，納入旗下知名出版社。我希望本書能讓一切都值回票價。

我深信要實踐更多重感官的生活，充分利用我們的感官和周遭一切，就能讓生命更豐富美好。即使本書只幫助一小群人活得更精采，我也會認為它發揮應有的價值而感到心滿意足。

新商業周刊叢書BW0766

跨感官心理學

解鎖行為背後的知覺密碼，改變他人、提升表現的生活處方箋

原文書名／Sense: Unlock Your Senses and Improve Your Life（The Power of Your Senses: Why Coffee Tastes Better in a Red Cup and Other Life-Changing Sciences）
作者／羅素・瓊斯（Russell Jones）
譯者／陳松筠
企劃選書／黃鈺雯
責任編輯／黃鈺雯
版權／吳亭儀、顏慧儀、林易萱、江欣瑜
行銷業務／周佑潔、林秀津、黃崇華、郭盈均、賴正祐

總編輯／陳美靜
總經理／彭之琬
事業群總經理／黃淑貞
發行人／何飛鵬
法律顧問／台英國際商務法律事務所
出版／商周出版　臺北市中山區民生東路二段141號9樓
電話：(02)2500-7008　傳真：(02)2500-7759
E-mail：bwp.service@cite.com.tw
發行／英屬蓋曼群島商家庭傳媒股份有限公司　城邦分公司
台北市104民生東路二段141號2樓
電話：(02)2500-0888　傳真：(02)2500-1938
讀者服務專線：0800-020-299　24小時傳真服務：(02)2517-0999
讀者服務信箱：service@readingclub.com.tw
劃撥帳號：19833503
戶名：英屬蓋曼群島商家庭傳媒股份有限公司城邦分公司
香港發行所／城邦(香港)出版集團有限公司
香港灣仔駱克道193號東超商業中心1樓
電話：(825)2508-6231　傳真：(852)2578-9337
E-mail：hkcite@biznetvigator.com
馬新發行所／城邦(馬新)出版集團
Cite (M) Sdn Bhd
41, Jalan Radin Anum, Bandar Baru Sri Petaling,
57000 Kuala Lumpur, Malaysia.
電話：(603)9057-8822　傳真：(603)9057-6622　email: cite@cite.com.my

國家圖書館出版品預行編目(CIP)資料

跨感官心理學：解鎖行為背後的知覺密碼,改變他人、提升表現的生活處方箋/羅素.瓊斯(Russell Jones)著；陳松筠譯. -- 初版. -- 臺北市：商周出版：英屬蓋曼群島商家庭傳媒股份有限公司城邦分公司發行, 民110.05
面；　公分. --(新商業周刊叢書；BW0766)
譯自：Sense：unlock your senses and improve your life.
ISBN 978-986-5482-96-1(平裝)

1.生理心理學 2.感覺生理

172.1　　110005146

封面設計／陳文德　內文設計排版／無私設計・洪偉傑　印刷／鴻霖印刷傳媒股份有限公司
經銷商／聯合發行股份有限公司　電話：(02)2917-8022　傳真：(02) 2911-0053
地址：新北市231新店區寶橋路235巷6弄6號2樓

ISBN／978-986-5482-96-1
定價／380元

城邦讀書花園
www.cite.com.tw

2021年（民110年）5月初版
2022年（民111年）12月19日初版2.3刷
First published by Welbeck in 2020